- 教育部产学合作协同育人项目"《英语演讲与辩论》专创融合实训中心建设"
  （项目编号：220601130083931）
- 渤海大学本科创新创业教学改革研究项目赞助"'思政引领、三创融通、四维筑基'视域下的英语专业《理解当代中国》系列课程建设研究"（项目编号：B-26）

英语专业专创融合教学与研究

杨 川 ◉ 著

郑州大学出版社

图书在版编目(CIP)数据

英语专业专创融合教学与研究 / 杨川著. -- 郑州：郑州大学出版社, 2025.5. -- ISBN 978-7-5773-0891-3

Ⅰ. H319.3

中国国家版本馆 CIP 数据核字第 202599VC42 号

英语专业专创融合教学与研究
YINGYU ZHUANYE ZHUANCHUANG RONGHE JIAOXUE YU YANJIU

策划编辑	郜 毅	封面设计	王 微
责任编辑	郜 毅	版式设计	苏永生
责任校对	陈 思	责任监制	朱亚君

出版发行	郑州大学出版社	地 址	河南省郑州市高新技术开发区
经 销	全国新华书店		长椿路11号(450001)
发行电话	0371-66966070	网 址	http://www.zzup.cn
印 刷	郑州宁昌印务有限公司		
开 本	710 mm×1 010 mm 1/16		
印 张	13	字 数	195 千字
版 次	2025 年 5 月第 1 版	印 次	2025 年 5 月第 1 次印刷
书 号	ISBN 978-7-5773-0891-3	定 价	58.00 元

本书如有印装质量问题,请与本社联系调换。

内容简介

在全球化和信息化的浪潮中,英语专业教育正在经历着前所未有的变革。本书深入探讨了英语专业教育在新时期面临的挑战与机遇,并提出了创新的专创融合教育理念,旨在培养具有国际视野、创新思维和实践能力的高素质英语人才。书中详细介绍了专创融合教育的理论基础、教学设计与工具应用,以及具体的教学实践案例。通过案例分析,本书展示了如何将创新创业教育与英语专业教育有效结合,以及如何利用人工智能生成内容(Artificial Intelligence Generated Content,AIGC)工具来丰富教学手段和提高教学质量。此外,本书还探讨了专创融合教育在英语专业学生创新能力培养、教师教学能力提升,以及多学科多方法教学研究中的应用。通过构建跨学科理论框架和应用多学科方法,旨在为英语专业教学创新提供了新的理论框架和实践指导。

前言

在全球化浪潮的推动下,英语已成为国际交流的通用语言,英语专业教育也随之迎来了前所未有的发展机遇。然而,随着 VUCA [易变性(volatility)、不确定性(uncertainty)、复杂性(complexity)、模糊性(ambiguity)]时代的到来,以及人工智能技术的飞速发展,英语专业教育同样面临着前所未有的挑战。在这样的背景下,探讨英语专业的发展历程,面临的挑战与机遇,以及未来发展的新趋势,对于英语教育工作者来说至关重要。

全球化、VUCA 时代和人工智能时代给英语专业教育带来了挑战与机遇。首先,是全球化时代的挑战与机遇。全球化时代为英语专业教育带来了巨大的机遇,频繁的国际交流要求更多的专业人才具备高水平的英语沟通能力。其次,跨国公司和国际组织的兴起为英语专业毕业生提供了广阔的就业市场。然而,全球化也带来了挑战,如何在保持语言和文学教学优势的同时,加强学生的跨文化能力和国际视野,成为英语专业教育必须面对的问题。再次,是来自 VUCA 时代的挑战与机遇。VUCA 时代的到来使得英语专业教育面临更为复杂的挑战。易变性要求教育内容和方法能够快速适应社会的变化;不确定性要求学生具备较强的适应能力和风险管理能力;复杂性要求教育者能够综合多学科知识,培养学生解决复杂问题的能力;模糊性则要求学生能够在多元文化和价值观中找到自己的定位。在这样的背景下,英语专业教育需要更加注重培养学生的批判性思维、创新能力和领导力。最后,人工智能时代也给英语专业的教育带来了挑战与机遇。人工智能技术的飞速发展为英语专业教育带来了新的挑战和机遇。一方面,机器翻译和智能语音助手等技术的应用可能会对传统的语言教学产生冲击,要求教育者重新思考教学内容和方法。另一方面,人工智能也为英语教学提供了新的工具和平台,如个性化学习、在线教育等,这些都为提高教学效率和质量提供了可能。

英语专业教育在新的时代背景下,需要不断适应变化,积极面对挑战,把握机遇,不断创新教育教学理念和方法,以培养出更多适应未来社会发展需求的高素质英语人才。在当今快速变化的世界中,创新创业教育已成为高等教育的重要组成部分。对于传统的人文学科,如英语专业,创新创业教育不仅是一种补充,更是一种全新的教学理念和方法。它不仅能够丰富英语专业的教学内容,还能够激发学生的创新精神和实践能力,为他们未来的职业生涯和社会发展做出贡献。

创新创业教育的核心在于培养学生的创新思维和创业能力。对于英语专业而言,这意味着教学内容和方法需要从传统的语言技能训练和文学理论学习,扩展到跨文化交流、国际商务沟通、项目管理等领域。通过创新创业教育,英语专业的学生不仅能够提升语言能力,还能够学习如何在多元文化背景下进行有效沟通、如何利用英语能力解决实际问题、如何在全球化市场中寻找机会等重要技能。英语专业专创融合理念是在传统英语教育基础上,融入创新创业教育的理念和方法,旨在培养具有国际视野、创新思维和实践能力的复合型人才。这种融合不仅能够提升英语专业的教育质量,还能够更好地满足社会对高素质英语人才的需求。

英语专业专创融合实践的重要性,主要体现在以下几个方面。①培养创新思维:在英语教学中融入创新创业教育,可以培养学生的创新思维和问题解决能力。通过案例分析、模拟项目、创业计划书编写等活动,学生能够学会如何在实际情境中运用英语知识,解决复杂问题。②增强实践能力:通过参与实际的创业项目和实习经历,学生可以将所学的英语知识和技能应用于实际工作中,从而增强自己的实践能力和职业竞争力。③拓宽职业发展路径:专创融合教育可以帮助学生发现更多的职业发展机会。除了传统的教育、翻译、外交等领域,学生还可以在国际贸易、跨国企业管理、文化交流等行业发挥作用。④适应社会需求:随着全球化和信息化的发展,社会对英语人才的需求越来越多样化。专创融合教育能够培养出既懂英语又具备创新和创业能力的人才,更好地适应社会的需求。⑤促进文化交流:在创新创业的过程中,学生需要与不同文化背景的人进行交流合作。这不仅能够提升他们的跨文化交际能力,还能够促进不同文化之间的理解和交流。⑥推动教育创新:专创融合教育要求教师不断更新教学内容和方法,采用更加灵活多样的教学手段。这有助于推动英语教育的创新,提高教学质量和效果。

创新创业教育对英语专业的发展具有重要意义。通过专创融合的教育理念和实践,我们可以培养出更多具有创新精神和实践能力的英语专业人才,为社会的发展做出更大的贡献。在未来的教育实践中,我们应当继续探索和完善专创融合教育的模式和方法,以适应不断变化的社会需求和挑战。随着人工智能技术的不断进步,人工智能生成内容(Artificial Intelligence Generated Content, AIGC)工具在教育领域的应用日益广泛。AIGC 工具通过模拟人类的创作过程,能够自动生成文本、图像、音频和视频等内容,极大地丰富了教育资源和教学手段。在英语专业专创融合的教学与研究中,AIGC 工具的兴起不仅预示着新的教学模式的出现,也为提升教学质量和效率提供了新的可能性。

在全球化、VUCA 时代和人工智能技术的背景下,英语专业教育正面临着前所未有的挑战和机遇。一方面,创新创业教育的融入,为英语专业带来了新的教学理念和方法,而 AIGC 工具的兴起则为专创融合教学提供了强有力的技术支持。通过有效结合创新创业教育和 AIGC 工具,我们可以培养出更多具有国际视野、创新思维和实践能力的英语专业人才,为社会的发展做出更大的贡献。另一方面,创新创业教育也面临着如何与人文教育相融合的挑战。人文教育强调人文价值观、批判思维和全人发展,而创新创业教育则侧重实践技能和商业运作。如何在两者之间寻求平衡,培养具有人文素养与创新创业能力的复合型人才,是英语专业教育亟须解决的问题。

在此,笔者希望通过本书,为英语教育工作者提供一个全面的视角,探索如何更好地融合创新创业教育和AIGC工具,探索如何更好地将创新创业教育与人文教育相融合,以应对新时代的教育挑战。

杨　川

2024年7月

目 录

第一编　理论基础篇

第一章　英语专业教育概览 ·· 3
第一节　英语专业教育发展现状 ································· 4
第二节　当前英语专业教育的挑战与机遇 ······················ 6
第三节　英语专业转型案例 ······································ 11

第二章　创新创业教育 ··· 15
第一节　创新与创业的基本概念 ································ 15
第二节　高等教育人才培养理论 ································ 17
第三节　创新创业教育理论 ······································ 22
第四节　创新创业教学实践 ······································ 26

第三章　专创融合教育 ··· 31
第一节　专创融合教育的理论基础 ····························· 32
第二节　专创融合教育的内涵与特征 ·························· 34
第三节　英语专业专创融合教育的目标与原则 ··············· 36
第四节　英语专业专创融合教育的挑战与对策 ··············· 39

第二编　教学设计与工具应用篇

第四章　"两性一度"与人工智能在英语专业专创融合课程中的改革设计
·· 45
第一节　"两性一度"理念解读 ································ 46

第二节　人工智能在英语专业教学中的应用现状 …………………… 47
　　第三节　专创融合课程改革的必要性 ………………………………… 51
　　第四节　改革设计方案 ………………………………………………… 55

第五章　智慧课程与英语专业专创融合课程的改革设计 ……………… 60
　　第一节　智慧课程概述 ………………………………………………… 61
　　第二节　英语专业专创融合课程现状 ………………………………… 62
　　第三节　改革设计理念与目标 ………………………………………… 67
　　第四节　改革实施路径与策略 ………………………………………… 70

第六章　AIGC 工具与英语教学 …………………………………………… 75
　　第一节　AIGC 工具分类与功能介绍 …………………………………… 75
　　第二节　文本生成工具促进创新教学的策略及应用场景 …………… 80
　　第三节　图像生成工具促进创新教学的策略及应用场景 …………… 82
　　第四节　音视频生成工具促进创新教学的策略及应用场景 ………… 84
　　第五节　AIGC 工具与英语专业专创融合教育的关系 ………………… 87

第三编　改革设计篇

第七章　英语专业专创融合课程改革设计——以"跨文化交际"课程为例
　　………………………………………………………………………………… 91
　　第一节　专创思创融合的教学改革 …………………………………… 92
　　第二节　课改实施方案 ………………………………………………… 94
　　第三节　改革特色 ……………………………………………………… 100

第八章　英语专业专创融合课程改革设计——以"理解当代中国"
　　系列课程为例 ………………………………………………………… 102
　　第一节　"三创"融通教改背景 ……………………………………… 103
　　第二节　思政引领的教改价值体现 …………………………………… 107
　　第三节　改革意义 ……………………………………………………… 110
　　第四节　改革实施方案 ………………………………………………… 114

第五节　"专创引领、三创融合"教学设计案例 …………… 119
　　第六节　改革解决的关键问题 ………………………………… 131

第九章　英语专业专创融合课程改革设计——以"讲好中国教育故事"
　　　　项目为例 …………………………………………………… 134
　　第一节　赋权增能师生共创对人才培养的意义 ……………… 134
　　第二节　改革的应用前景 ……………………………………… 136
　　第三节　改革实施方案 ………………………………………… 140

第四编　多维度分析篇

第十章　英语专业学生专创融合创新能力培养路径分析 ………… 155
　　第一节　国内外研究现状 ……………………………………… 156
　　第二节　专创融合创新能力理论框架 ………………………… 157
　　第三节　英语专业学生创新能力培养现状 …………………… 159
　　第四节　专创融合创新能力培养路径设计 …………………… 163
　　第五节　培养路径实施与保障 ………………………………… 166

第十一章　英语专业教师专创融合教学能力的提升路径 ………… 170
　　第一节　国内外研究现状 ……………………………………… 171
　　第二节　英语专业教师专创融合教学能力概述 ……………… 173
　　第三节　英语专业教师专创融合教学能力提升路径 ………… 176
　　第四节　讨论与启示 …………………………………………… 181

第十二章　英语专业专创融合教学研究的多学科与多方法视角 … 183
　　第一节　多学科视角下的专创融合教学 ……………………… 184
　　第二节　多方法视角下的专创融合教学 ……………………… 186
　　第三节　英语专业专创融合教学研究的方法创新——以教育叙事
　　　　　　探究法为例 ………………………………………… 188

结语 ……………………………………………………………………… 191

参考文献 ………………………………………………………………… 194

第一编 理论基础篇

第一章
英语专业教育概览

在当今全球化的时代,英语专业教育显得尤为重要。随着国际交流的日益频繁,英语不仅是一种语言工具,更是成为连接世界文化的桥梁。英语专业教育的目标是培养学生,使其具备扎实的英语语言基础、广泛的英语文化知识和良好的跨文化交际能力。为实现这一目标,众多学者和教育工作者对英语教育的教学方法、课程内容和技术应用等方面进行了深入研究。

英语专业教育的发展历经多个阶段,其课程内容和教学重点也随之变化。传统的英语专业课程主要关注语言、文学和写作,而后逐渐扩展到听、说、读、写等全方位技能的培养。这一转变反映了英语教育者对学生综合能力培养的重视,以及对英语作为交流工具功能的深化理解。此外,随着现代教育技术的发展,如何运用这些技术辅助英语口语训练,提高学生口语能力,也成为当前研究的热点。

英语专业教育仍面临诸多挑战。一方面,学生所处的学习环境差异显著,包括教育体系、教育政策、教育投入、家庭背景以及学校实践等因素,都会对学生的学业成果产生影响;另一方面,随着数字化进程的加快,如何有效利用数字资源,建设高质量的教学资源库,以提升英语教学效果,是英语专业教育需要解决的重要问题。

英语专业教育在培养学生综合素质、应对学习环境差异和利用数字资源等方面仍需不断探索和创新。本章将从这些方面入手,深入分析英语专业教育的现状与挑战,并探讨其未来发展方向。

第一节 英语专业教育发展现状

英语专业作为培养英语语言能力、文学研究及跨文化交流人才的重要学科,其发展历程深远且富有变革。追溯其起源,英语专业的设立与全球化进程的加速、国际交流的日益频繁密不可分。随着时代的演进,英语专业不断适应社会的需求,经历了从单一的语言技能培养到综合素质教育的转变。

在英语专业的早期阶段,教学重点主要集中在语言基础技能的训练上,如听、说、读、写等。这一时期的教学模式较为传统,注重语法规则的传授和词汇的积累。随着语言教学理念的更新,人们逐渐认识到语言不仅仅是规则的组合,更是文化的载体和交流的工具。因此,英语专业的教学开始融入更多的文化元素,强调跨文化交际能力的培养。

进入 21 世纪,随着科技的飞速发展和全球化的深入推进,英语专业面临着前所未有的挑战与机遇。一方面,大数据、人工智能等新技术的应用为英语教学提供了丰富的资源和手段,使得个性化学习、自主学习成为可能;另一方面,日益频繁的国际交流对英语专业人才的综合素质提出了更高的要求。这一时期,英语专业的教学改革成为热点话题,课程设置更加多元化,教学方法更加灵活多样。

在这个过程中,英语专业地位与定位发生了变化。值得关注的几方面变化如下。

一、英语专业的地位与国家发展战略紧密相关

英语专业的地位往往与一个国家的政治、经济、文化发展战略密切相关。一个国家对外交往的需求越大,对英语人才的需求也就越大,英语专业的地位也会相应提高。当前,随着全球化进程的不断深入,中国与世界各国的交流合作日益频繁,无论是在政治、经济还是在文化、教育等领域,英语都

发挥着越来越重要的作用。"一带一路"倡议的提出和实施,让英语专业在培养国际化人才方面的重要性进一步凸显。英语专业在服务国家发展战略和培养高素质国际化人才方面大有可为。

二、英语专业地位的相对下降

近年来,随着翻译专业和商务英语专业的快速发展,传统英语专业的地位出现了一定程度的下降。这种变化反映出社会对英语人才需求的多样化。但这并不意味着英语专业的重要性下降,反而对英语专业的发展提出了新的要求。在人工智能飞速发展的时代,机器翻译等技术的进步对传统翻译行业产生了一定冲击,但同时也对高层次、复合型翻译人才提出了更高要求。商务英语专业的兴起,反映了经济全球化背景下对国际商务人才的迫切需求,这对英语专业人才培养目标的调整提出了新课题。

三、跨文化交际能力成为英语人才的核心竞争力

在全球化背景下,跨文化交际能力已成为英语人才的核心竞争力。这就要求英语专业在教学中加强文化背景知识的学习,提高学生的跨文化敏感性和跨文化交际能力。同时,英语专业还应重视学生批判性思维和创新能力的培养,使他们能够在跨文化交流中审慎地分析问题,用创新思维去解决问题。

四、英语专业的特色化发展成为趋势

面对社会需求的多样化,英语专业的特色化发展成为必然趋势。高校应根据自身办学特色和优势,结合区域经济社会发展需求,探索特色化的英语专业人才培养模式。比如,有的高校可以发挥自身在理工科专业方面的教学优势,培养"英语+理工"的复合型人才;有的高校可以利用自身区域优势,重点培养服务地方经济社会发展的英语人才。英语专业的特色化发展,有助于提升专业人才培养的针对性和适应性,增强学生的就业竞争力。

第二节　当前英语专业教育的挑战与机遇

随着全球化的不断推进,英语作为一门国际通用语言,在各行各业中的重要性日益凸显。现代英语专业教育在此背景下不断发展与完善,旨在培养具备高素质英语能力和跨文化交际能力的人才。这过程并非一帆风顺,英语专业教育面临着诸多挑战与机遇。

一、英语专业教育面临的挑战

(一)英语专业规模与培养质量面临挑战

1.英语专业规模扩张与质量问题并存

近年来,我国高等教育不断扩大招生人数,外国语言文学专业教学点和在校生人数也随之大幅增长。然而,在追求规模发展的同时,英语专业的人才培养质量问题日益凸显。不少高校过于强调应用型人才的培养,导致英语专业培养目标不明,课程设置同质化倾向严重,专业发展与学科规律不符。一些高校为了迎合市场需求,盲目设立英语专业或扩大招生规模,却没有相应的师资力量和教学资源做保障,结果导致教学质量下滑,学生就业难等问题。

2.英语专业人才培养目标有待进一步明确

目前,一些高校的英语专业人才培养目标不够明确,存在与社会经济发展需求脱节的问题。一些高校英语专业的培养目标过于宽泛,没有根据学校自身定位和区域经济社会发展需求进行必要的调整,导致人才培养的针对性和适应性不强。同时,在培养目标的设定上,过于偏重语言技能训练,却忽视了学生人文素养、跨文化交际能力、创新思维等综合素质的培养,使培养出来的学生难以适应社会发展的需要。

3.英语专业课程体系改革任重道远

当前,英语专业课程体系改革仍面临诸多挑战。一些高校的英语专业课程设置存在重技能轻人文、重应用轻基础的问题,课程内容更新速度跟不上社会发展和学术进步的步伐。一些高校英语专业课程体系缺乏系统性和逻辑性,各课程之间缺乏有机整合,理论课程与实践课程脱节,难以形成合力,有效支撑人才培养目标的实现。

4.英语专业评估和质量保障机制有待健全

目前,我国英语专业评估和质量保障机制还不够健全,评估指标体系有待进一步优化。一些评估指标过于注重量化,忽视了人才培养的内涵质量,导致评估结果与教学实际脱节。同时,评估过程中各相关方面的参与度不够,评估结果的运用和反馈机制也有待加强,难以真正发挥评估的导向和促进作用。英语专业还需要建立健全自我评估和持续改进机制,加强教学质量的常态监控,推动教学改革和专业建设。

(二)英语专业教学模式和评估机制亟待创新

1.传统教学模式难以适应信息化时代要求

在信息技术飞速发展的时代,传统的英语专业教学模式已日益显现出局限性。传统的英语专业教学以教师课堂讲授为主,学生被动接受知识,师生互动不足,学生的学习主动性和创造性难以得到充分发挥。传统的纸质教材更新速度跟不上知识更新的步伐,难以反映学科前沿动态。此外,传统的评估方式过于注重结果,对学生的过程性评价关注不够。这种教学模式既难以适应信息化时代学生个性化、多样化的学习需求,也无法充分利用信息技术手段优化教学过程,提高教学效果。

2.课程体系改革势在必行

面对新形势新要求,英语专业课程体系改革已刻不容缓。传统的英语专业课程设置存在重语言技能训练、轻人文素养培育的问题,课程内容更新不及时,实践教学环节薄弱。新形势下,英语专业需要系统构建语言学、文学、翻译等学科课程,加强不同学科之间的融合,培养学生的语言能力、人文素养、跨文化意识和批判性思维。同时,英语专业还要加快建设跨文化交际、学术英语等新兴课程,紧跟学科发展前沿,把最新的理论成果和实践经验及时转化为教学内容。要重视实践教学环节,加强校企合作、国际合作,为学生提供更多实践锻炼的机会。

3. 创新教学模式成为大势所趋

为了培养适应新时代需求的英语专业人才,高校必须大胆创新教学模式。近年来,以学生为中心、以能力培养为导向的教学理念日益深入人心。英语专业教学要从"以教为中心"转向"以学为中心",充分尊重学生的主体地位,激发学生的学习兴趣和潜力。要合理运用启发式、探究式、讨论式、参与式等教学方法,营造良好的课堂互动氛围,提高学生参与教学活动的积极性。要因材施教,为不同层次、不同特点的学生提供个性化的指导。要充分利用信息技术手段改革教学方式,推广翻转课堂、混合式教学等新型教学模式,促进线上线下教学的有机融合,拓展学生的学习时间和空间。

4. 构建多元化的评估体系势在必行

科学的评估体系是保障教学质量的重要基石。传统的英语专业评估体系过于注重总结性评价,忽视了过程性评价,难以全面、客观地反映学生的学习状况。新形势下,英语专业要构建多元化的评估体系,综合运用形成性评价和总结性评价、定量评价和定性评价等多种评价方式,全面考查学生的语言运用能力、文化素养、思辨能力、创新能力等。要重视学生自评、生生互评等评价方式,引导学生建立自我导向的学习观念。要积极利用信息技术手段丰富评价方式,建立评价信息数据库,实现评价过程的动态化、可视化。要加强评估结果的分析和运用,将评估结果及时反馈给教学改进,形成"评估—反馈—改进"的良性循环。

5. 加快教学管理制度改革和创新

教学管理制度改革和创新是深化教育教学改革的重要保障。当前,英语专业教学管理还存在一些制度性障碍,如教学与科研"两张皮"、教师评聘偏重科研、青年教师发展机制不健全等。高校要加快完善教学管理制度，破除制约教学发展的体制机制障碍。要树立科教融合、教学研一体的理念，促进教学与科研的良性互动。要完善教师评聘和考核制度，提高教学业绩在教师职称评聘中的比重，引导教师将更多精力投入教学工作。要加强教师教学发展中心等平台建设，为青年教师的专业发展提供制度保障。要建立健全教学质量评估、教学事故认定等制度，进一步强化教学质量管理。

二、英语专业教育面临的机遇

（一）复合型专业发展模式利弊并存

为了适应社会对复合型英语人才的需求，一些高校开始探索"英语+X"的复合型专业发展路径，如"英语+商务""英语+法律""英语+新闻"等。这种模式有助于拓宽学生的知识面，提升学生的就业竞争力。但同时也存在一些问题和风险。一些高校在设置复合型专业时，缺乏科学的调研和论证，盲目跟风，导致专业定位不清，课程体系混乱。有的高校受师资力量所限，无法保证复合型专业课程的教学质量。还有一些高校片面追求"英语+X"的形式，忽视了英语语言这一专业主体，导致学生的语言能力难以达到预期要求。因此，在探索复合型专业发展模式时，高校要审慎论证，科学规划，在突出英语专业主体地位的同时，加强与相关学科的有机融合，协调好通识教育与专业教育的关系。

（二）特色化发展成为部分高校的选择

面对日益激烈的生源竞争和就业压力，一些高校选择走特色化发展之路，根据自身办学优势和区域经济社会发展需求，打造英语专业办学特色。比如，外交学院的英语专业注重培养外交外事人才，上海对外经贸大学的英语专业注重商务英语人才培养，中国传媒大学的英语专业注重培养新闻传播领域的英语人才。这些高校立足自身特色，优化专业人才培养方案，创新人才培养模式，在某些细分领域形成了鲜明的专业优势和人才培养特色。

特色化发展有助于英语专业错位发展、差异化竞争,提升专业的社会声誉和就业质量。但特色化发展也对高校提出了更高要求,需要高校在师资队伍、教学资源、实践平台等方面给予有力支撑。

(三)国际化人才培养成为高校共识

培养具有全球视野、通晓国际规则、能够参与国际事务和国际竞争的国际化英语人才,已成为许多高校英语专业的办学追求。一些高校积极拓展与国外高校的合作交流,引进优质教育资源,开展多种形式的联合办学。比如,一些高校与国外大学合作开设双学位项目,为学生提供到国外学习、实习的机会;有些高校聘请外籍教师担任专业课程的教学,为学生营造全英文的学习环境;还有一些高校为学生提供短期海外研修、交换生等项目,拓宽学生的国际视野。英语专业的国际化发展有利于学生跨文化交际能力的养成,有利于培养学生的国际竞争力。但在推进专业国际化发展的过程中,高校也要注意引进来与走出去的平衡,注重中外合作项目的质量监管,防止国际化沦为花架子。

(四)产教融合培养应用型人才

随着高等教育由精英化向大众化转变,培养应用型英语人才成为许多地方高校的现实选择。应用型英语人才培养强调产教融合,注重学生实践能力的培养。一些高校主动对接区域经济社会发展需求,与行业企业开展深度合作,共建实习实训基地、就业实践基地,开发特色课程,创新人才培养模式。比如,一些高校与外贸企业合作,为学生提供外贸单证制作、商务谈判等实训机会;有些高校与旅游企业合作,为学生提供导游、领队等岗位实习机会。产教融合是应用型英语人才培养的必由之路,但在融合的过程中,高校要处理好专业教育与职业培训的关系,既要让学生掌握职场所需的实际技能,又要注重学生人文素养和可持续发展能力的培育。

(五)智慧教育引领专业发展新方向

随着现代信息技术的快速发展,智慧教育正在成为引领英语专业发展的新方向。智慧教育理念强调以学习者为中心,注重学习过程的个性化和自适应性。在英语专业教学中,教师可以运用大数据、人工智能等技术,实时采集、分析学生的学习行为数据,精准把握学生的学习需求,为学生提供个性化的学习支持服务。智慧教育环境下,慕课、微课、移动学习等新型教育形态不断涌现,为英语专业教育教学改革提供了新的可能。比如,学生可以利用智能学习终端,开展跨文化交际情境模拟训练;可以利用虚拟现实技术,开展沉浸式语言学习。英语专业要主动顺应智慧教育发展趋势,加强教育信息化建设,推动信息技术与教育教学的深度融合,不断创新人才培养模式。

第三节 英语专业转型案例

随着社会经济的发展和全球化的推进,英语专业教育在不断发展和变革。在这个过程中,许多高校英语专业都在积极探索转型之路,以适应新的社会需求和教育趋势。以下是一些英语专业转型的案例,它们反映了当前英语专业教育的发展动态和创新实践。

案例一:北京大学英语专业"语言+专业"复合型人才培养模式

课程设置调整:北京大学英语专业在保持传统语言基础课程的同时,增加了与国际政治、经济、文化等领域相关的课程,如"国际商务英语""跨文化交流"等,旨在培养学生具备跨学科的知识结构和能力。

实践教学强化:通过组织国际交流项目、企业实习、模拟商务谈判等活动,增强学生的实践能力和跨文化交际能力。同时,鼓励学生参与国际学术会议和研讨会,拓宽国际视野。

人工智能技术应用:引入自然语言处理、机器翻译等人工智能技术辅助教学,提高教学效率和质量。同时,鼓励学生学习相关技术,以适应未来职场的需求。

北京大学英语专业的转型案例体现了其对于全球化背景下人才培养需求的敏锐洞察和积极应对。通过调整课程设置、强化实践教学和引入人工智能技术,该专业成功实现了从传统语言教学向"语言+专业"复合型人才培养模式的转变。这种转型不仅有助于提高学生的综合素质和就业竞争力,也有助于推动学科交叉融合和创新发展。

案例二:香港中文大学英文系"文学+研究"创新型教育模式

文学课程深化:香港中文大学英文系加强了文学课程的深度和广度,增设了文学理论、比较文学等高级课程,鼓励学生进行独立研究和论文写作。

研究方法训练:该系注重培养学生的研究方法和技能,开设了研究方法论、数据分析等课程,并鼓励学生参与教师的科研项目。

国际交流与合作:通过与国际知名大学的合作与交流项目,为学生提供更多的国际学习和研究机会。同时,该系还积极参与国际学术会议和研讨会,推动学术成果的国际化和传播。

香港中文大学英文系的转型案例展示了其对于培养高素质文学研究人才的坚定决心和有效实践。通过深化文学课程、加强研究方法训练和国际交流与合作,该系成功实现了从单纯的语言教学向"文学+研究"创新型教育模式的转变。这种转型不仅有助于提高学生的学术水平和研究能力,也有助于推动文学学科的繁荣和发展。

案例三:上海中侨职业技术大学"产教融合+人工智能"教育模式

引入生成式人工智能技术:通过校企合作项目,引入如 ChatGPT 等生成式人工智能技术,助力英语专业的教学与就业转型。

实践技术写作项目:组织学生参与翻译本地化服务、内容服务等技术写作项目,让学生在实践中锻炼和提升技术写作能力。

跨学科能力培养:鼓励学生跨学科学习,包括计算机科学、信息技术、工程学等,以培养其跨学科技能,增强综合素质和创新能力。

教学模式创新:利用 AI 技术开发智能教学平台和虚拟教师助手,为学生提供个性化的教学方案,提高教学效果和学习兴趣。

软技能提升:通过项目实践,重点培养学生的沟通能力、团队合作精神和解决问题的能力,为未来适应职场环境做好准备。

加强语言资源开发:利用 AI 技术辅助开发词典、教材等语言资源,满足学习者的多样化需求,提升学习体验。

上海中侨职业技术大学的英语专业改革做法体现了鲜明的时代特色和前瞻性思维。通过引入前沿的生成式人工智能技术,不仅丰富了教学手段,还为学生打开了通往新技术领域的大门。实践技术写作项目让学生将所学知识应用于实际情境中,有效提升了他们的专业技能和解决问题的能力。跨学科学习的推广则进一步拓宽了学生的知识视野,增强了他们的综合素质和创新能力。

同时,该校在教学模式上的创新也值得称赞。智能教学平台和虚拟教师助手的引入,使教学更加个性化和高效,有助于激发学生的学习兴趣和积极性。此外,对软技能的重视也是该校改革的一大亮点,这有助于学生在未来的职场中更好地与他人协作,共同完成任务。

加强语言资源开发的做法体现了该校对学生学习需求的关注。通过提供高质量的语言资源,学校为学生的学习提供了更多便捷和高效的工具,进一步提升了学习效果。该校的英语专业改革做法全面而深入,既注重技术引领,又强调实践应用;既关注专业技能的培养,又重视综合素质的提升。这些做法不仅有助于提高学生的就业竞争力,更为他们的未来发展奠定了坚实的基础。

这些英语专业转型的案例表明,当前的高校英语专业教育正在不断适应社会需求和发展趋势,积极探索新的教育模式和方法。这些转型实践不仅有助于提高学生的综合素质和应用能力,还为其未来的职业发展提供了更多机会和选择。同时,这些转型案例也为其他高校英语专业的改革与发展提供了有益的参考和借鉴。

在英语专业转型的过程中,高校需要密切关注社会需求和行业动态,不断调整和优化课程设置,加强实践教学和产学研合作,以培养学生的实际应用能力和创新精神。同时,高校还应注重培养学生的国际视野和跨文化交际能力,为其未来的职业发展奠定坚实基础。通过这些转型实践,我们期待英语专业教育在未来能够更好地服务于社会发展和人才培养需求。

英语专业的转型是一个持续的过程,需要高校、教师、学生和社会各方面的共同努力。通过不断探索和创新,我们可以期待英语专业教育在未来能够培养出更多具有高素质、创新精神和实际应用能力的人才,为社会的发展做出更大的贡献。

第二章

创新创业教育

第一节 创新与创业的基本概念

创新(innovation)和创业(entrepreneurship)是当今社会发展的重要驱动力,对于培养英语专业人才来说也意义重大。

创新指引入新理念、新方法或运用新技术来改进现有的产品、服务或运营模式,从而创造新的价值。创新涵盖了产品创新、服务创新、流程创新、营销创新和组织创新等多个层面。创新不仅体现在技术领域,在教育、文化等领域也有广泛的应用。

创业则是指创办一个新的商业组织或项目来追求机会和创造价值的过程。创业活动包括发现机会、规划项目、融资运作、市场推广等多个环节。除了创办公司之外,创业还可以体现为内部创业(在组织内部开展创新活动)、社会创业(为社会创造价值)等形式。

学术界对创新与创业的关系及其相同与差异之处进行了一些研讨和论述,主要包括以下几个方面。

一、创新与创业的关系

大多数学者认为,创新和创业是密切相关的概念,两者相辅相成。一方面,创新是创业的驱动力,为创业提供了新产品、新服务、新商业模式等;另一方面,创业为创新提供了实践平台,将创新理念转化为现实价值。成功的创业离不开持续创新,而真正有价值的创新也需要通过创业方式加以推广。

二、创新与创业的共同点

创新和创业具有一些共同的特点,如追求新颖、勇于挑战现状、承担风险等。两者都需要创造性思维,都关注解决实际问题,并将新理念转化为行动。因此,在培养创新人才和创业人才的过程中,存在许多共同的教育理念和培养方法。

三、创新与创业的差异

一些学者也指出,创新和创业在本质上存在一定区别。创新侧重于产生新想法、新方法,具有知识密集型特征;而创业则更多关注资源的整合和组织的经营,具有行动导向型特征。创新可能局限于特定领域,而创业则需要综合运用跨领域知识和资源。

四、不同类型创新与创业的关系

对于不同类型的创新,如产品创新、服务创新、商业模式创新等,与创业之间的关联程度也有所不同。有研究指出,商业模式创新与创业联系最为密切,而科技产品创新则需要企业的孵化和推广。

五、创新创业的文化影响

一些跨文化研究发现,因不同国家和地区的文化传统的差异,导致人们对创新和创业的理解和推崇程度也存在区别。有的文化环境更加重视安全和规矩,而有的文化环境则更加包容创新和鼓励创业。

总之,学术界对创新与创业的关系以及二者的相同与差异点进行了广泛的讨论和研究,为我们更好地理解和把握这两个概念提供了理论基础。在英语专业融入创新创业教育时,需要注意把握两者的内在联系和差异特点。在英语专业教育中,创新创业教育不仅有利于培养学生的创新精神和创业意识,还能激发其语言实践能力和跨文化交际能力,从而培养出更具国际竞争力的复合型人才。

第二节 高等教育人才培养理论

创新创业教育虽然具有自身独特性，但同时也是现代高等教育人才培养的重要组成部分。因此，创新创业教育需要立足于高等教育人才培养的整体理论框架之上。

一、通识教育理论

通识教育理论源于古希腊时期的"自由教育"理念，强调通过学习自由七艺培养完整的人格。20世纪以来，美国学者胡克、夏狄更是将通识教育视为高等教育的核心使命。通识教育理论强调知识的综合性、整体性和跨学科性，旨在培养学生宽阔的知识视野和批判性思维能力。它主张在专业教育之外，让学生系统学习包括人文、社会、自然科学等多个学科领域的基础知识，从而获得全面发展。近年来，国内外学者对通识教育的内涵、课程设置、教学模式等方面进行了大量研究。比如，有学者认为通识教育应该包括人文、社会科学、自然科学三个基本模块。也有学者强调通识教育更重要的是培养学生的批判性思维，而不只是知识传授。通识教育理论的主要特点主要有：①知识的广度，跨越不同学科领域；②培养宏观视角和系统思维；③注重培养学生独立思考和批判思维的能力；④强调知识迁移和综合运用的重要性。

创新创业教育注重培养学生综合运用所学知识解决实际问题的能力，与通识教育理念高度契合。通过通识教育为学生打造良好的知识基础，可以更好地培养复合型创新创业人才。具体来说，创新创业过程需要运用跨学科的知识，通识教育可以为学生提供多元化的知识储备；创新创业往往需要系统思维和批判性思维，而这正是通识教育所倡导的核心能力；创新创业实践离不开综合运用和知识迁移，与通识教育的目标不谋而合。因此，创新创业教育需要立足于通识教育理论的基础之上,让学生获得多元知识视野和思维方式,为未来的创新创业之路做好准备。同时,通过创新创业教育的实践,也可以将通识教育理念付诸实施,促进学生知识的内化和能力的培养。

总的来说,通识教育理论为创新创业教育提供了理论支撑和实践平台,而创新创业教育则是通识教育理念的重要体现形式,两者相辅相成、相得益彰。

二、终身学习理论

终身学习理论强调学习是一个永无止境的过程,不应仅限于学校教育阶段,而是贯穿人的整个生命历程。它主张个人应当在生活的方方面面不断学习,包括正式学习、非正式学习和随机学习等多种形式。终身学习理论可以追溯到20世纪60年代提出的"教育永续理论"。联合国教科文组织、欧盟等国际组织多次发表报告,阐述终身学习对于个人发展和社会进步的重要意义。

终身学习理论的主要特点主要有:①学习无止境,持续终生;②学习的时间和空间无约束;③学习动机来自个人需求和兴趣;④注重学习者的主体地位和自主性;⑤知识技能的不断更新。国内外学者从多个角度研究了终身学习的理论基础、实施途径、支持体系等。比如有学者将其视为一种学习方式,也有学者认为它是一种教育理念和原则。另有研究探讨了信息技术在促进终身学习中的作用。

终身学习理论与创新创业教育所要求的不断更新知识、跟上时代发展步伐的目标高度一致。创新创业教育需要培养学生主动获取新知识、积极探索新领域的终身学习习惯。具体来说,创新创业实践离不开持续学习的意识和能力。面对日新月异的商业环境和技术变革,创新创业者必须主动更新自身知识技能,才能保持竞争力。在创新创业教育中,应当引导学生树立终身学习的理念,掌握自主学习的方法。同时,现代信息技术的发展也为终身学习提供了重要助力,如在线课程、虚拟社区等,这为创新创业教育开辟了新的可能。教师可以利用这些技术手段,为学生提供个性化、多样化的学习资源和支持。此外,创新创业教育过程中采用的项目导向、案例分析等教学方法,本身就体现了终身学习理念,强调了学生的主体地位和自主探索精神。

可见,创新创业教育需要立足于终身学习理论的指导,培养学生持续学习的意识和习惯,帮助他们适应终身学习的需求。同时,创新创业教育实践也为贯彻终身学习理论提供了良好契机。总之,终身学习理论为创新创业教育提供了理论支持,而创新创业教育也是终身学习理论的生动实践,两者相辅相成、相得益彰,共同服务于高等教育现代人才培养的目标。

三、人格教育理论

人格教育理论强调在传授知识技能的同时,注重培养学生良好的品德素质和健全的人格特质。它认为,教育不仅要让学生成为有知识的人,更要帮助他们成为有品德的人。人格教育理论可以追溯到古希腊时期的良师益友理念。进入近现代,杜威、蔡元培等教育家都阐述过关于人格教育的思想。当代学者对人格教育进行了深入研究,内容涉及人格教育的目标、途径、体系建设等方面。比如提出以生命教育、人格统整教育等促进人格健全发展;探讨如何将人格教育融入课程教学和校园文化建设中等。人格教育理论的主要特点有:①注重道德品质和价值观念的培养;②强调全面发展,注重非智力因素;③倡导情感态度和意志品质的培养;④提倡以身作则,教书与育人相结合;⑤重视师生情感交流和典范示范作用。

优秀的创新创业者不仅需要专业知识技能,更需要诚实守信、勇于担当等良好品德素养。因此,创新创业教育需要立足于人格教育理论,注重培养学生优秀的人格特质。具体来说,诚信是创新创业过程中不可或缺的基本操守,缺乏诚信将导致失去合作伙伴和商业信任。同理,勇于担当的责任意识对于创业者尤为重要。创新创业教育应当渗透这些人格价值观。此外,创新创业往往需要坚忍不拔的意志品质。面对失败挫折,创新创业者需要具备足够的毅力和恒心。因此,培养学生的意志力也是人格教育在创新创业教育中的重要内容。

从教学实践来看,创新创业教育过程中导师或成功创业者的言传身教,对学生人格素质的养成具有重要示范作用,这与人格教育理论的主张不谋而合。同时,在创新创业项目的团队合作中,教师不仅要指导项目执行,更要注意学生合作过程中的身体力行,如团队意识、责任心等,促进学生综合素质的培养。

可见,人格教育理论为创新创业教育提供了理论支持,而创新创业教育实践也为贯彻人格教育理论奠定了重要基础。在创新创业教育中融入人格教育理念,有利于培养出德才兼备的高素质创新创业人才。总之,人格教育理论与创新创业教育相辅相成、相得益彰,共同为现代高等教育人才培养的目标服务。

四、就业能力理论

就业能力理论强调,高等教育应该培养学生可转移和可持续发展的就业能力,提高其职业生涯发展的适应性。它认为,单纯传授专业知识已不足够,更应注重培养学生适应社会需求变化的综合素质和能力。就业能力理论的主要特点有:①关注学生长期职业发展;②强调能力培养的全面性;③重视学习能力和自我管理能力;④要求紧密对接职场实际;⑤强调能力的可转移性和可持续性。就业能力理论兴起于 20 世纪 80 年代,源于"能力本位"的教育理念。随后,国内外学者对就业能力的内涵、结构、培养途径等进行了深入研究。比如有学者将就业能力划分为基础能力、专业能力和职业生涯能力三个层次;也有学者提出了就业能力培养的"六位一体"模型,包括专业知识、职业技能、思维能力、创新能力、人文素养和自我管理能力等。此外,还有研究探讨了高校如何优化课程体系、创新教学模式、建设实践平台等,以促进学生就业能力的培养。

创新能力、创业精神、解决实际问题的能力等都是创新创业教育所要培养的核心就业能力,创新创业教育实际上是就业能力理论在教育实践中的重要体现。具体来说,面对不确定的职场环境,创新思维和解决问题能力有助于学生适应不同工作岗位需求,体现了就业能力的可转移性;创业精神和实践经历则为学生职业生涯的可持续发展提供了重要支撑,体现了就业能力的可持续性。同时,创新创业教育过程中所采用的项目驱动、案例分析、模拟实训等教学方法,本身就紧密对接了职场实际,并注重培养学生的自我管理、学习能力等综合素养,与就业能力理论的要求高度契合。此外,创新创业教育还为学生提供了多种实践平台,如创业实习、竞赛活动等,使理论知识与实践经验得以很好融合,从而更有利于就业能力的全面培养。

可见,创新创业教育紧密立足于就业能力理论的内涵和要求之上,将其理念内化到了教育实践环节,为培养具有创新精神和创业能力的高素质复合型人才奠定了理论基础。反过来,就业能力理论也为创新创业教育提供了方向引领,指出了培养目标和重点内容,从而使创新创业教育的实施更加科学合理、行之有效。两者相辅相成、相得益彰,共同服务于现代高等教育的人才培养目标。

综上所述,创新创业教育需要立足于现代高等教育人才培养的整体理论框架,与通识教育、终身学习、人格教育、就业能力理论等高度契合。同时,高等教育人才培养理论也为创新创业教育提供了方向指引和理论支撑。将创新创业教育与高等教育人才培养理论相结合,才能更好地培养出具有创新创业意识和能力、综合素质过硬的英语专业复合型人才,满足社会发展对高素质英语人才的需求。

第三节 创新创业教育理论

创新创业教育旨在培养学生的创新思维、创业意识和相关创新创业能力,是现代高等教育的重要组成部分。其理论基础主要来源于教育学和心理学等多个学科领域。

一、人本主义学习理论

人本主义学习理论源于 20 世纪中叶的人本主义心理学运动,主要代表人物有卡尔·罗杰斯和亚伯拉罕·马斯洛等。该理论强调以学习者为中心,尊重每位学生的独特个性和个体差异,重视学生的内在动机和自我实现需求。人本主义学习理论强调以学生为中心,尊重个体差异,发挥学生主观能动性。创新创业教育注重培养学生的主体性和个性化发展,契合了人本主义理论的要求。

人本主义学习理论的核心观点有:①以学生为中心,强调尊重学生的个体差异和独特性,关注学生的主观感受和内在需求。②学生具有自我实现和自我成长的内在动机,教育应创造环境激发这种内在动机。③学习过程应当是一种自我探索和自我实现的过程,教师更多扮演促进和协助的角色。④重视学生在学习过程中的主体性和能动性,鼓励学生自主学习和自我规划。⑤注重情感、态度、价值观的培养,塑造学生全面发展的人格特质。

人本主义学习理论为创新创业教育提供了重要的理论启示:首先,创新创业教育需要充分尊重学生的个体差异,因材施教,因人制宜。每个学生对创新创业的理解和诉求不尽相同,教育应当为不同类型的学生提供差异化的指导和培养方式。其次,创新创业教育应当激发学生内在的创新动机和创业欲望,培养他们追求自我实现的意识。创新创业活动本身具有挑战性,需要学生内驱力的推动才能有所作为。最后,创新创业教育要赋予学生足够的自主权和主体地位,鼓励他们大胆尝试、勇于实践。教师更多扮演引路人和促进者的角色,为学生的创新和创业之路保驾护航。此外,创新创业教育不仅需要知识和技能的传授,更要重视学生综合素质和人格特质的培养,如勇气、坚忍、责任心等品格,这有助于学生成长为全面发展的创新创业者。总之,人本主义学习理论为创新创业教育提供了理论基础和研究思路。尊重差异、重视内驱力、强调主体性、培养人格是创新创业教育亟须遵循的重要原则,有助于更好地引导和促进学生的创新创业实践。

二、建构主义学习理论

建构主义学习理论认为,知识不是简单的外部灌输,而是学生在特定情境下主动建构的过程。建构主义学习理论源于20世纪60年代皮亚杰的认知发展理论,主要代表人物还有布鲁纳、维果茨基等。该理论认为,知识不是简单的外部灌输,而是学习者在特定情境中主动建构的过程。学习者运用已有的经验和认知结构,通过意义协商、反思、社会互动等方式,重新建构新的知识。

建构主义学习理论的核心观点主要有:①知识不是被动获得,而是通过主体建构形成的。学习是一个能动的建构过程。②新知识的形成建立在已有认知结构的基础之上,需要与之前经验相关联。③教学情境对知识建构至关重要,应创设具有意义的真实情境。④强调师生互动、协作学习和社会互动在建构知识中的重要作用。⑤注重学习者内在动机的激发,积极探索和主动发现的重要性。

创新创业教育强调将学习置于真实的工作情景和社会文化环境中,培养学生动手实践、主动探索的能力,与建构主义理论高度契合。建构主义理论为创新创业教育提供了以下理论基础和研究思路:首先,创新创业教育应当尊重学生的认知规律,基于其已有知识和经验,引导他们主动建构创新创业知识。传统的简单知识灌输已无法满足需求。其次,创新创业教育需要创设真实的情境和实践环境,让学生在模拟或真实的创新创业活动中建构和内化相关知识。案例分析、项目驱动、模拟实训等都是有益尝试。再次,创新创业教育要注重引导学生主动探索、积极发现、勇于尝试的过程。教师要扮演促进和协调的角色,而非简单的知识传递者,促进师生互动和协作学习。最后,创新创业教育需要激发学生的内在学习动机,培养其终身学习和主动探索的习惯。这种内在动机将推动学生持续追求创新和创业,应对变化和拥抱不确定性。

总之,建构主义学习理论为创新创业教育提供了理论指导和研究思路。强调知识主体建构、注重真实情境、重视协作探索、激发内在动机等理念,都应贯穿于创新创业教育的理论和实践之中。只有让学生主动建构知识和能力,才能真正培养出具有创新创业素养的复合型人才。

三、情境学习理论

情境学习理论强调知识获取和能力培养都需要置身于特定情境中进行。情境学习理论源于20世纪80年代,由詹姆斯·波诺、约翰·西茨和伊芙·韦格纳等人提出和发展。该理论强调,真正的学习不是简单的知识传递,而是在特定的社会文化情境中通过实践活动而获得的。学习是一种情境化的、社会性的过程,需要置身于真实或模拟的环境中。

情境学习理论的核心观点有:①知识和技能的获得需要置于特定的现实情境之中,而非脱离语境的抽象学习。②学习过程需要有意义的、真实世界的活动作为载体。③知识和情境是相互构成的,学习不能脱离情境独立存在。④学习是一种参与实践的过程,需要师生互动、协作探究。⑤注重建构有意义的学习体验,形成"学徒"学习共同体。

创新创业教育通常采用情境教学法、案例分析法等方式,将学习活动与现实生活和工作相结合,使学习更具针对性和实效性。情境学习理论为创新创业教育提供了以下理论基础和启示。

首先,创新创业教育应当尽可能模拟和再现真实的创业环境和工作情境,让学生在身临其境的活动中学习创新创业知识和技能,而非仅停留在课堂理论层面。其次,创新创业教育需要设计丰富的实践活动作为学习载体,如模拟创业实训、创业项目驱动、创业实习等,让学生在做中学、在练中悟。再次,创新创业知识和技能的形成需要与实际创业情境相结合,二者是相互构成的。单纯的理论学习或实践锻炼都是不够的,需要理论联系实际。最后,创新创业教育应重视师生之间、学生之间的互动协作,形成创新创业学习的"行家库"氛围,促进经验和智慧的传递。同时,创新创业教育需要为学生提供丰富的学习体验,形成对创新创业活动的感性认知,从而内化创新素养,培养创业意识和热情。

总之,情境学习理论为创新创业教育提供了重要的理论指导。将学习置于真实情境中、设计实践活动载体、注重理论联系实际、重视师生协作互动、注重学习体验等,都是创新创业教育亟须遵循的原则,有利于培养学生创新性解决问题的能力。

四、社会学习理论

社会学习理论认为,学习者通过观察并模仿他人的行为而获得新行为。社会学习理论源于20世纪60年代,由心理学家阿尔伯特·班杜拉提出并发展。该理论认为,人的大部分学习行为都是通过观察和模仿他人而获得的。学习不仅来自直接经历,更多的是在社会环境中通过观察示范完成的。

社会学习理论的核心观点有:①人的大部分复杂行为都是在社会环境中通过观察而习得的。②通过观察榜样的行为,个体形成符号表征,为将来的模仿行为做好准备。③增强的作用对于模仿行为的获得和保持至关重要。④人不仅通过观察获得新行为,还会受到认知过程的调节。⑤学习过程中,个体、环境和行为相互作用并产生影响。

在创新创业教育中,教师和成功案例可以为学生树立创新创业的典范,促进学生的学习和模仿。社会学习理论为创新创业教育提供了以下理论基础和启示:首先,创新创业教育应当为学生提供优秀的创新创业榜样和示范,让他们通过观察学习获得创新思维方式和创业行为模式。成功创业者的案例和经历可以发挥示范带头作用。其次,创新创业教育需要为学生创造良好的创新创业文化氛围和环境,使之受到正向刺激和增强,从而更容易模仿和内化创新创业行为。再次,创新创业教育要重视学生的认知调节作用,培养其独立思考和主动学习的习惯,而非简单的被动模仿,促进内化为自身能力。最后,创新创业教育应当注重个体、环境和行为三者的互动,为学生提供丰富的创新创业实践锻炼机会,使所学所悟真正转化为行动。同时,创新创业教育还可以借鉴社会学习理论中"替代加强"的做法,即通过虚拟模拟的方式进行示范,让学生在低风险环境下先行模仿学习。

总之,社会学习理论为创新创业教育提供了重要的理论指导。通过示范观察、环境刺激、认知调节和行为实践相结合,有利于学生更高效获得创新创业意识和能力,形成持久的创新创业品质,为未来的创新创业之路做好知识和心理准备。

第四节 创新创业教学实践

在具体教学实践层面,创新创业教育通常采用以下教学方法。

一、案例分析法

案例分析法是一种常用的教学方法,通过分析真实或模拟的案例情况,培养学生综合运用所学知识解决实际问题的能力。在创新创业教育中,案例分析法可以模拟创业过程中可能遇到的实际情况,提高学生的应变和决策能力,具有重要的应用价值。案例分析法源于 20 世纪初期哈佛商学院教学实践,之后被广泛应用于工商管理、医学等专业教育中。有研究指出,案例分析教学能够帮助学生建立模式识别、决策制定和行动计划等能力。部分学者认为,优质案例应当具有真实性、复杂性和开放性,能引发学生的思考和讨论。一些教学实证研究表明,案例分析法有利于培养学生独立思考、分析问题和解决问题的能力。

案例可以来源于成功创业企业的发展历程,也可以来自创业失利的教训,甚至是虚拟设置的创业模拟情景。案例内容通常涵盖企业创立的背景、创业过程中遇到的挑战、创新点、市场运作、发展战略等多个方面。通过对案例的深入分析,学生需要发现问题症结、提出解决方案、评估预期效果等。案例分析培养学生发现和解决问题的能力,提升分析思维、创新思维和决策能力。案例讨论需要学生个人思考和小组合作,锻炼表达交流和团队协作的综合素质。

在创新创业课程中,教师可以精选一些典型的成功创业案例和失利案例,引导学生分析其中的经验教训。也可以虚构一些创业模拟情景,让学生依据所学知识提出创业计划和应对措施。案例分析可采用个人分析和小组讨论相结合的方式,培养独立思考和协作能力。对于案例分析的结果,教师需要组织学生互评和点评,增强学习效果。案例分析还可以与其他教学方法相结合,如现场模拟、游戏模拟等,提高学习体验。

案例分析法有利于将理论知识与实际情况结合,提高学习针对性和实效性。通过分析案例发现问题和提出解决方案,有助于培养学生的创新思维和解决问题的实操能力。案例讨论环节锻炼了学生的表达沟通、团队协作等综合素质,这对未来的创新创业意义重大。案例分析教学方式相对灵活,可根据不同专业和课程需求调整案例选择和分析方式。寻找和筛选高质量的真实创业案例需要一定的工作量,也可采用虚拟案例以节省精力。

总之,案例分析法为创新创业教育提供了极佳的实践载体,有助于培养学生的创业意识、创新思维、决策能力和综合素质,是创新创业教育中值得大力推广的有效教学方法。

二、模拟实训法

模拟实训法是创新创业教育中一种重要的实践性教学方法,通过模拟真实创业环境和运营过程,让学生亲身体验并实践创业全过程,培养创新创业实操能力。通过模拟创业公司的运营、市场调研、产品设计等各个环节,使学生亲身体验并实践创业全过程,培养创业实操能力。模拟实训环节可覆盖企业运营、产品开发、市场营销等多个方面。模拟实训教学源于职业教育领域的"现场教学法",后逐渐应用于创业教育。有研究指出,模拟实训可以有效提升学生的创业意识和职业技能。部分学者强调,模拟实训活动的设计需贴近真实创业情境,注重过程性和开放性。还有研究探讨了如何将模拟实训有机融入创新创业课程的教学设计中。

模拟创业公司或机构的真实运作环节,如企业组建、产品设计、市场调研、融资运作、营销推广等。为学生提供虚拟创业资源条件,包括资金、场地、设备等,营造临场感。学生扮演不同的创业角色,分工协作模拟创业全过程。注重将学习过程与真实创业流程对接,提高创业实操经验。培养学生的创新思维、创业决策、危机应对等综合创业能力。

在创新创业课程中,教师可设置模拟创业项目或公司,引导学生全程参与。将学生分组,模拟在不同的职能部门担任不同的创业角色,培养分工协作能力。设置虚拟市场环境和资源条件,增强模拟真实感。引入信息化工具和虚拟仿真技术,提升教学模拟水平。教师要及时点评和调整,避免模拟过度简单化。

模拟实训法能够很好地将理论知识和实践相结合,提升创业实战能力。虚拟模拟环境降低了真实创业的风险和投入成本。模拟过程贴近真实创业流程,有利于培养创业全过程意识。团队合作模式培养了学生分工协作和人际沟通的能力。不同专业和课程可根据实际需求,调整模拟实训的具体场景和模式。模拟实训对教学场地、设施设备等硬件条件有一定要求,实施成本较高。模拟实训的真实度需要不断提升,否则学生会产生实战场景脱节感。

总之,模拟实训法是创新创业实践教学的重要方式,能有效提升学生的创新创业综合能力。通过模拟真实创业过程,学生不仅可以内化创业知识,还可以锻炼决策能力、危机应对能力、沟通协作能力等多方面素质,为未来的创新创业之路做好充分准备。

三、项目驱动法

项目驱动法源于20世纪初期杜威的"做中学"理念,后逐渐在工程教育等领域推广应用。项目驱动法是一种以项目为驱动,以实际问题情景为导向的创新创业教学方法。通过组织学生开展真实可行的创新创业项目,培养其综合运用所学知识解决实际问题的能力。以真实可行的创新创业项目为载体,组织学生进行项目设计、执行和评估等全过程培养。这种教学方式最大限度地贴近真实的创新创业实践,可有效培养学生的创新创业综合能力。有研究指出,项目驱动教学有利于培养学生的创新思维、解决实际问题的能力和自主学习能力。部分学者强调,项目主题应贴近生活实际,问题情景要具有一定开放性和复杂性。还有研究探讨了如何建立科学的过程管理和绩效评价体系,保证项目教学效果。

教师或学生提出真实的创新创业项目需求,确定项目主题和目标。以项目为中心,围绕项目开展创新设计、方案制订、资源组织、过程管理等一系列实践活动。注重将课堂所学理论知识与项目实践深度融合,培养知识内化和综合运用能力。要求学生团队合作,分工协作完成创新创业项目的各个环节。在项目实施全过程中,教师要给予指导和支持,并对项目成果进行评估和总结。

在创新创业课程中,教师可以联系企业,获取真实的创新创业项目需求。学生可以自立团队,确定创新创业项目主题,自主规划项目执行路线。教师要引导学生深入调研,实地考察,分析问题症结。学生团队汇总资源,制订创新方案,分工协作执行项目各环节。教师及时监控项目进展,给予积极反馈和中期评估。最终形成具体的创新创业项目成果,接受评审和总结。

项目驱动法将知识学习与实践环节无缝对接,有利于理论知识转化和能力培养。解决真实问题情景,提高了学习的针对性和实效性。团队合作模式培养了分工协作、沟通协调等综合素质,全程参与锻炼了学生的自主学习能力和创新思维能力,需要教师具备丰富的理论功底和实践经验,对于教师的指导和评价能力要求较高。确定优质真实项目需求存在一定难度,可选择虚拟项目或结合社会实践基地。对教学条件和硬件设施配套要求较高,特别是一些实验室等专业场地。

总之,项目驱动法为创新创业教育提供了极佳的实践载体。通过全程参与创新创业项目实践,学生不仅可以运用和内化所学知识,更能锻炼创新思维、解决问题的综合能力,提升自主学习能力、团队协作能力等创新创业必备素质。

四、其他实践形式

首先,创业实习。安排学生到创业公司、创业孵化器等机构进行一定时间的实习,接触真实的创业环境和氛围,获得实战经验和创业体验。其次,创新创业竞赛活动。鼓励和组织学生参与各类创新创业大赛,如商业模拟大赛、创业计划大赛、产品设计大赛等,在竞争中提升创新创业能力。最后,一些高校还通过设立创新创业学院、构建实习实训基地、聘请创业导师等措施来促进创新创业教育。

在具体实施时,创新创业教育需要与专业教育相结合,培养复合型创新创业人才。例如,在英语专业教育中,可以开设商务英语创新创业模块、跨文化创新创业模块等专门课程,或在课程案例和实践项目中融入相关内容,培养学生创新思维与跨文化商务创新能力。

第三章

专创融合教育

在21世纪的教育背景下,英语专业教育面临着前所未有的挑战与机遇。全球化的深入发展、知识经济的快速崛起以及科技创新的日新月异,对英语专业人才提出了更高、更全面的要求。当今社会不仅需要具备语言功底扎实的英语人才,更需要他们具有创新思维、创业能力以及跨文化交际的综合素质。在这样的时代背景下,专创融合教育应运而生,旨在通过教育模式的创新,培养具备国际视野、创新精神和创业能力的高素质英语专业人才。

专创融合教育的提出,是对传统英语专业教育的重要补充和拓展。传统的英语专业教育往往侧重于语言知识的传授和语言技能的训练,而在培养学生创新意识、创业能力等方面存在不足。这种局限性已经无法满足当前社会对复合型、创新型英语人才的需求。通过专创融合,我们可以更好地培养学生的综合素质,提高其在全球化背景下的竞争力。

同时,英语专业教育也在新技术的冲击下面临着深刻的变革。信息技术、人工智能等新兴技术的广泛应用,正在重塑教育的形态和内容。这既是挑战,也是机遇。通过引入创新创业教育,英语专业教育可以为学生提供更多元化的发展路径,增强其适应未来社会的能力。

专创融合教育理念强调将专业知识的学习与创新能力的培养有机结合,使学生在掌握扎实专业知识的同时,能够激发其创新思维,提升创新能力。在英语专业领域中,这意味着我们需要将英语语言技能、文化知识以及跨文化交际能力等核心专业知识,与批判性思维、创新思维以及实践创新能力等要素紧密结合。我们的目标是培养出能够在复杂多变的国际环境中游刃有余地发现问题、分析问题并解决问题的优秀人才。

第一节 专创融合教育的理论基础

专创融合教育的理论基础是该教育模式得以实施和发展的关键支撑。它涵盖了知识经济理论、终身学习理念、跨学科教育以及教育技术创新等多个方面,为英语专业教育与创业教育的结合提供了坚实的理论基础。以下将详细探讨这些理论基础及其对专创融合教育的支撑作用。

一、知识经济理论与创新型人才培养

在知识经济时代,知识和创新成为推动经济发展的关键因素。英语专业学生作为未来社会的重要参与者,需要具备创新思维和创造新知识的能力。知识经济时代的全球经济治理方向、模式、路径也随之改变。这揭示了知识经济对人才需求的深刻影响,要求英语专业教育不仅要传授语言知识,还要培养学生的创新能力和创业精神,以适应不断变化的经济环境。

专创融合教育正是基于知识经济理论,致力于培养创新型人才。通过将创新创业教育元素融入英语专业课程,学生不仅能够掌握扎实的语言技能,还能够培养创新思维,提高解决复杂问题的能力。这种教育模式有助于培养出能够在全球化背景下创造价值的高素质英语人才。

二、终身学习理念与职业发展

终身学习是21世纪教育的重要理念,它强调学习是一个持续的过程,贯穿个人的职业生涯和生活。在英语专业的专创融合教育中,终身学习的理念被内化为学生持续发展的动力。通过不断学习和适应新知识、新技能,学生能够在职业发展中保持竞争力,并在必要时进行职业转换或创业。专创融合教育通过培养学生的自主学习能力和创新精神,为其未来的职业发展

奠定基础。例如,通过项目式学习和创业实践,学生可以培养自我管理和持续学习的能力,这些能力对于适应快速变化的职场环境至关重要。同时,创业教育的引入也为学生提供了更多的职业选择,使他们能够在传统就业和自主创业之间做出更灵活的选择。

三、跨学科学习与综合能力培养

跨学科学习是专创融合教育的另一重要理论支撑。在全球化背景下,社会对人才的需求更加多元化和综合化。英语专业学生需要具备跨文化交际能力、批判性思维、团队合作等多方面的能力。"双创"教育实质上是创新创业意识的培养、能力的训练及创业实践经验积累的过程。这一观点强调了专创融合教育在培养学生综合能力方面的重要作用。通过跨学科课程和项目,英语专业教育可以打破学科界限,培养学生的综合素质和能力。例如,可以将商业、技术、文化等领域的知识融入英语专业课程,使学生能够在掌握语言技能的同时,培养跨领域思考和解决问题的能力。这种跨学科的教育方式有助于培养出更加全面、适应性强的英语专业人才。

四、教育技术与教学方法创新

随着教育技术的发展,教学方法也在不断创新。信息技术、人工智能等技术的应用为英语专业专创融合教育提供了新的手段和平台。利用这些技术,教师可以设计更加有互动性和个性化的教学活动,提高教学效果,同时激发学生的创新思维和实践能力。例如,通过在线教育平台,学生可以接触到更多的创新创业资源和案例;通过虚拟现实(VR)技术,可以模拟真实的商业环境,让学生体验创业过程;通过大数据分析,可以为学生提供个性化的学习建议和职业规划指导。这些技术的应用不仅提高了教学效率,也为学生提供了更加丰富和多样化的学习体验。

知识经济理论、终身学习理念、跨学科学习和教育技术创新等理论基础为英语专业专创融合教育提供了强有力的支撑。这些理论指导我们重新思考英语专业教育的目标和方法,为培养适应新时代需求的创新型英语人才指明了方向。在实践中,我们需要基于这些理论,不断创新教育模式,优化课程设置,改进教学方法,以实现专创融合教育的目标。

第二节 专创融合教育的内涵与特征

专创融合教育作为一种新兴的教育理念和模式,其内涵丰富,特征鲜明。本节将从定义、概念界定、专业教育与创业教育的关系,以及专创融合教育的特征与优势等方面进行深入探讨。

一、专创融合的定义与概念界定

专创融合,顾名思义,是专业教育与创新创业教育的有机结合。它是一种创新的教育模式,旨在将专业知识的学习与创新能力的培养紧密结合,培养既具备扎实专业知识,又拥有创新思维和创业能力的复合型人才。

在英语专业的语境下,专创融合教育可以定义为:将英语语言技能、文学文化知识等专业内容与创新思维、创业能力等元素有机融合的教育模式。这种教育模式不仅强调语言知识的传授,更注重培养学生的创新精神、实践能力和国际视野。

专业教育是指培养学生掌握特定职业领域知识和技能的教育类型。在英语专业中,这包括语言知识的学习、文化理解、文学鉴赏和翻译技能的培养等。

创业教育旨在培养学生的创新精神、创业意识和创业能力。它包括创业理论知识的学习以及创业实践能力的培养。

专创融合教育则是将上述两种教育模式有机结合,通过整合两者的优势,培养学生在专业领域的深度知识以及创业过程中所需的创新能力。

二、专业教育与创业教育的关系

专业教育与创业教育在传统观念中常被视为两个独立的领域,但实际上两者之间存在密切的联系和互补关系。

首先,专业教育为创业教育提供了必要的知识基础和技能支撑。以英语专业为例,扎实的语言能力和跨文化交际能力是在国际商务环境中创业的重要基础。其次,创业教育为专业教育注入了新的活力和实践导向。通过引入创业教育,英语专业学生可以学习到市场分析、商业计划制订等实用技能,这些技能可以帮助他们更好地将语言知识应用于实际工作中。最后,专业教育和创业教育的结合可以拓宽学生的就业和发展路径。樊冲(2021)在研究中探讨了商务英语专业教育与创新创业教育的融合策略,强调了课程体系、师资队伍、教育平台和评价制度的重要性。这种融合不仅提高了学生的就业竞争力,还为他们未来的职业发展提供了更多可能性。

三、专创融合教育的特征与优势

(一)专创融合教育的显著特征

跨学科性:打破传统学科界限,鼓励学生在掌握本专业知识的基础上,积极探索其他领域,形成多元化的知识结构和能力体系。

实践性:强调理论与实践的结合,通过实验、实训、实习等多种方式,让学生在实践中深化对专业知识的理解,并培养解决实际问题的能力。

创新性:鼓励学生敢于质疑、勇于挑战,培养创新思维和创新精神,以应对未来社会的各种挑战。

创业性:不仅关注学生的个人发展,还致力于培养学生的团队协作精神和创业能力,为将来的职业发展奠定坚实基础。

(二)专创融合教育的优势

提高学生的综合素质:通过专业知识和创新创业能力的结合,培养出更全面、适应性更强的人才。

增强就业竞争力:学生不仅掌握专业技能,还具备创新思维和创业能力,这大大提高了他们在就业市场的竞争力。

促进学生的个性化发展:专创融合教育为学生提供了更多元的发展路径,使他们能够根据自身兴趣和特长选择未来的发展方向。

推动教育改革和创新:专创融合教育模式的实施,促进了教学内容、方法和评价体系的创新,推动了整个教育体系的改革和发展。

适应社会发展需求:在知识经济时代,专创融合教育培养的复合型人才更能适应社会的快速发展和变革。

专创融合教育通过将专业教育与创业教育有机结合,形成了一种新的教育模式。这种模式不仅丰富了教育内容,创新了教学方法,更重要的是它能够培养出适应新时代需求的复合型、创新型人才。在英语专业教育中实施专创融合教育,将为培养具有国际视野、创新精神和实践能力的高素质英语人才提供有力支撑。

第三节 英语专业专创融合教育的目标与原则

英语专业专创融合教育旨在培养适应现代社会需求的复合型人才。为实现这一宏观目标,我们需要明确具体的培养目标和遵循的教育原则。本节将详细探讨这些目标和原则,为英语专业专创融合教育的实施提供指导。

一、培养目标

(一)全面发展的英语专业人才

专创融合教育的首要目标是培养全面发展的英语专业人才。这要求学生不仅具备扎实的英语语言基础,还应具有广博的知识面和多元化的能力。具体而言,学生应:掌握扎实的英语语言技能,包括听、说、读、写、译等;具备深厚的英语文学和文化知识;了解相关学科知识,如商务谈判、国际关系、新闻传播等;具有良好的人文素养和批判性思维能力。

(二)创新思维与创业能力

在专创融合教育模式下,培养学生的创新思维和创业能力是一个核心目标。这包括:培养学生的创新意识和创新思维方式;提高学生发现问题、分析问题和解决问题的能力;培养学生的创业意识,了解创业的基本理论和流程;提升学生的实践能力,能够将创意转化为实际的产品或服务。

(三)专业素养与道德规范

高度的专业素养和良好的职业道德是英语专业人才的重要特质。专创融合教育应着力培养学生的职业操守和职业道德、责任感和使命感、团队合作精神和领导能力以及对专业的热爱和持续学习的能力。

(四)国际视野与跨文化交流能力

作为英语专业的学生,具备国际视野和跨文化交流能力尤为重要。专创融合教育应致力于培养学生的全球意识和国际视野,提高学生的跨文化理解和交流能力,培养学生在国际环境中工作和生活的适应能力,提升学生在国际商务、外交等领域的实践能力。

二、教育原则

在英语专业推行专创融合教育的过程中,制定合理的教育原则至关重要。这些原则不仅指导着教育实践的方向,也为评估教育效果提供了基本依据。本节将详细探讨专创融合教育应遵循的五大核心原则,以及这些原则如何在实际教育过程中得到体现。

第一,学生中心原则是专创融合教育的基石。这一原则强调教育应以学生为中心,充分尊重学生的个体差异,因材施教。在实践中,这意味着我们需要设计多样化的课程和活动,以满足不同学生的兴趣和需求。同时,我们应鼓励学生主动参与学习过程,培养他们的自主学习能力。通过这种方式,我们可以更好地挖掘学生的创新潜能,促进他们的个性化发展。

第二,知识与实践相结合原则是专创融合教育的核心。这一原则要求我们在课程设置中平衡理论课程和实践课程,通过案例分析、项目实践、创业模拟等方式,让学生将所学知识应用于实际。此外,鼓励学生参与校内外实习、竞赛等活动,积累实践经验也是落实这一原则的重要方式。这种理论与实践的结合,不仅能够加深学生对知识的理解,也能培养他们解决实际问题的能力。

第三,跨学科融合原则体现了专创融合教育的创新性。这一原则旨在打破传统的学科界限,促进多学科知识的整合。在实践中,我们可以通过设置跨学科课程,如英语与商务、英语与科技等,鼓励学生选修其他学科的课程,组织跨学科的项目实践等方式来实现这一目标。这种跨学科的融合不仅能拓宽学生的知识面,也能培养他们的综合能力和创新思维。

第四,持续创新与改进原则强调了专创融合教育的动态性。这一原则要求我们随着社会需求和教育技术的发展而不断创新和改进教育模式。具体来说,我们需要及时更新课程内容,以反映最新的行业动态和社会需求;创新教学方法,如引入翻转课堂、混合式学习等新型教学模式;定期评估教育效果,不断优化教育方案。这种持续的创新和改进,能够确保专创融合教育始终保持其时代性和有效性。

第五,质量与效果并重原则强调了专创融合教育的目标导向性。这一原则要求我们在推进专创融合教育的过程中,既要注重教育质量,也要关注教育效果。为此,我们需要建立科学的质量评估体系,关注学生的学习体验和满意度,跟踪毕业生的就业和创业情况,并根据评估结果及时调整教育策略。通过这种方式,我们可以在确保教育质量的同时,也能达到最佳的教育效果。

这五大原则相互关联,共同构成了专创融合教育的基本指导思想。通过遵循这些原则,英语专业可以更有针对性地设计课程、选择教学方法、评估教育效果。这不仅有助于提高教育质量,也能确保培养出的人才能真正满足社会需求,具备全面的专业素质和创新创业能力。

通过明确这些培养目标和教育原则,英语专业专创融合教育可以更有针对性地设计课程、选择教学方法、评估教育效果。这不仅有助于提高教育质量,也能确保培养出的人才真正满足社会需求,具备全面的专业素质和创新创业能力。在实施过程中,还需要根据具体情况灵活调整,以适应不同院校和学生的特点,实现英语专业教育的持续发展和创新。

第四节 英语专业专创融合教育的挑战与对策

在推进英语专业专创融合教育的过程中,我们已经取得了一定的成效。然而,这种新型教育模式的实施面临着诸多挑战。本节将深入探讨这些挑战,并提出相应的应对策略,以期为英语专业专创融合教育的进一步发展提供思路和参考。

一、面临的主要挑战

专创融合教育作为一种创新性的教育模式,在实施过程中遇到的阻力和困难是不可避免的。

观念障碍是一个突出的问题。部分教师和学生仍然固守传统教育理念,对专创融合的必要性和可行性存在疑虑。这种观念上的桎梏直接影响了教育改革的推进速度和深度。

课程体系的不完善也是一个亟待解决的问题。目前,许多高校的专业课程与创新创业课程之间仍存在"两张皮"现象,整合度不够,难以形成有机统一的教育体系。这种课程设置上的割裂不仅影响了教学效果,也使学生难以将专业知识与创新创业能力有效结合。

教学方法的创新不足是另一个显著的问题。尽管专创融合教育强调培养学生的创新思维和实践能力,但在实际教学中,一些教师仍然倾向于采用传统的灌输式教学方法,难以激发学生的创造力和主动性。这种教学方法与专创融合教育的目标存在明显的矛盾。

评价机制的不科学也是制约专创融合教育发展的一个重要因素。现有的评价体系往往侧重于考察学生的语言知识和技能,难以全面衡量学生的创新能力和实践水平。这种评价方式不仅不利于学生创新能力的培养,还可能导致教学活动的偏离。

此外,师资力量的不足也是一个突出的问题。专创融合教育需要具备专业知识和创新创业经验的"双师型"人才,但这类人才在当前的教育体系中相对稀缺。这直接影响了专创融合教育的质量和效果。

实践资源的匮乏同样制约着专创融合教育的深入开展。优质的校外实习基地和创新创业平台不足,影响了实践教学的效果,使学生难以将理论知识转化为实际能力。

学科壁垒的存在也是一个不容忽视的挑战。英语专业与其他学科的交叉融合程度不够,限制了学生的创新视野和跨学科能力的培养。在日益强调跨学科融合的今天,这种局限性显然不利于培养全面发展的创新型人才。

国际化程度不高是另一个需要关注的问题。虽然英语专业本身就具有国际化的特点,但在专创融合教育方面,国际合作与交流的深度和广度仍有待提升。这在一定程度上限制了学生国际视野的拓展和全球创新能力的培养。

政策支持的不足和质量监控体系的缺失也是制约专创融合教育发展的重要因素。相关的激励政策和制度保障尚不完善,缺乏有效的质量监控和反馈机制,这使得专创融合教育的持续改进和质量提升面临困难。

这些挑战的存在,在一定程度上制约了英语专业专创融合教育的深入推进和效果提升。要实现专创融合教育的目标,必须针对这些挑战制定有效的应对策略。

二、应对策略与建议

面对上述挑战,我们需要采取一系列策略和措施来推动英语专业专创融合教育的深入发展。

(1)加强宣传和培训是改变观念的关键。通过讲座、工作坊等形式,提高师生对专创融合教育重要性的认识,消除观念障碍,为教育改革创造良好的氛围。

(2)优化课程体系是实现专创融合的基础。我们需要系统设计专创融合课程体系,实现专业教育与创新创业教育的有机结合。这不仅包括增设创新创业课程,更要将创新创业元素融入专业课程,形成一个连贯的教育体系。

(3)创新教学方法是提高教学效果的关键。我们应该推广项目式学习、翻转课堂等创新教学方法,培养学生的主动学习能力和创新思维。这些方法不仅能激发学生的学习兴趣,还能培养他们的实践能力和创新精神。

(4)完善评价机制是保证教育质量的重要手段。建立多元化、过程性的评价体系,全面评估学生的创新能力和实践水平。这种评价机制应该涵盖理论知识、实践技能、创新思维等多个方面,以全面反映学生的综合素质。

(5)加强师资建设是实施专创融合教育的关键。通过培训、引进、校企合作等方式,打造高质量的"双师型"教师队伍。这不仅需要提升现有教师的创新创业教育能力,还要引入具有实践经验的企业家和创业者参与教学。

(6)拓展实践资源是提升教育效果的重要途径。加强校企合作,建立多样化的实践基地和创新创业平台,为学生提供更多的实践机会。这些实践资源不仅可以帮助学生将理论知识应用于实际,还可以培养他们的创新精神和创业能力。

(7)促进学科交叉是培养复合型人才的有效方式。鼓励跨学科合作,开设交叉课程,培养学生的跨学科创新能力。这种跨学科的融合不仅可以拓宽学生的知识视野,还能激发他们的创新思维。

(8)深化国际合作是提升教育国际化水平的重要手段。拓展国际交流渠道,提供更多国际化学习和实践机会。这不仅包括传统的学生交换项目,还应包括国际创新创业实践、跨国企业实习等多样化的国际合作形式。

(9)完善政策支持和建立质量监控体系是保障专创融合教育持续发展

的重要措施。制定专创融合教育的激励政策,在评优评奖、职称晋升等方面给予倾斜。同时,定期开展教学评估和效果反馈,持续改进教学质量。

(10)注重个性化培养和强化技术支持是提升专创融合教育效果的重要策略。根据学生的兴趣和特长,提供灵活的学习路径和个性化指导。充分利用信息技术,构建智能化、个性化的学习环境,为学生的创新学习提供支持。

通过这些策略的系统实施,我们可以有效应对英语专业专创融合教育面临的挑战,推动其持续健康发展。然而,这些策略的实施并非一蹴而就,需要教育管理者、教师、学生以及社会各界的共同努力和长期坚持。只有这样,我们才能真正实现专创融合教育的目标,培养出适应新时代需求的创新型英语人才。

第二编

教学设计与工具应用篇

第四章

"两性一度"与人工智能在英语专业专创融合课程中的改革设计

随着科技的快速发展,人工智能已经渗透到各个行业领域,对英语专业教育也产生了深远的影响。在当今时代,如何有效地将"两性一度"即高阶性、创新性和挑战度融入英语专业专创融合课程中,并借助人工智能技术推动教学改革,成为教育领域亟待探索的问题。"两性一度"作为当前高等教育教学改革的重要方向,强调课程的高阶性、创新性和挑战度。高阶性要求课程能够培养学生解决复杂问题的综合能力和高级思维;创新性则鼓励学生在课程学习中勇于尝试、敢于创新,形成自主学习和终身学习的意识;挑战度则要求课程设置具有一定的难度,能够激发学生的学习兴趣和挑战欲望。在英语专业教育中,融入"两性一度"的教学理念有助于培养学生的国际视野、跨文化沟通能力和创新能力,从而更好地适应未来社会的需求。

人工智能技术为英语专业专创融合课程的教学改革提供了有力支持。借助人工智能技术,可以实现个性化教学、智能评估和在线互动等功能,从而有效提升教学效果和学习体验。例如,通过智能分析学生的学习数据,教师可以根据学生的个体差异提供针对性的教学指导;在线互动平台则可以促进学生之间的交流与合作,拓展学习空间和时间。因此,将人工智能技术应用于英语专业专创融合课程中,有助于实现"两性一度"的教学目标,提升英语专业的教学质量。

第一节 "两性一度"理念解读

"两性一度"是一个富有深意的教育理念,它主要包含两个层面的含义:高阶性、创新性和挑战度,简称为"两性一度"。这一理念强调教师在课程教学中,不仅要传授知识,更要培养学生的高阶思维和创新能力,同时设置具有挑战性的学习任务,激发学生的学习兴趣和潜能。

在教育领域,特别是英语专业教育中,"两性一度"理念的应用具有显著的价值。首先,高阶性思维的培养有助于学生更深入地理解英语语言和文化,提高他们的分析、评价和批判性思考能力。这种能力在未来的学术和职业生涯中都是不可或缺的。其次,创新性教育鼓励学生发挥想象力和创造力,探索英语语言的多种表达方式和应用场景,从而培养出具有创新精神和实践能力的英语人才。最后,通过设置具有挑战性的学习任务,可以激发学生的学习动力和求知欲,使他们在克服困难、解决问题的过程中不断成长和进步。

在英语专业教育中实施"两性一度"理念,可以通过设计富有挑战性的课程项目、开展创新性的语言实践活动、引导学生进行高阶性思维训练等方式来实现。例如,教师可以设计一些涉及跨文化交流、英语文学创作、商务英语应用等领域的综合性项目,让学生在完成项目的过程中锻炼各项能力。同时,还可以组织学生参与英语演讲比赛、模拟联合国等活动,培养他们的实践能力和团队合作精神。

"两性一度"理念在英语专业教育中的应用具有重要意义,它不仅有助于提高学生的综合素质和能力水平,还为培养国际化、创新型的英语人才奠定了坚实基础。通过深入理解和贯彻这一理念,我们可以进一步优化英语专业的教学模式和方法,为学生的全面发展和未来成功打下坚实的基础。

在实际操作中,"两性一度"理念的运用需要教师具备创新意识和挑战精神。教师应该不断学习和更新教育理念,积极探索适合学生的教学方法和手段。同时,学校和教育部门也应该为教师提供必要的支持和培训,帮助他们更好地实施"两性一度"的教学策略。

"两性一度"理念还强调了教育的公平性和包容性。在英语专业教育中,我们应该关注每一个学生的学习需求和特点,为他们提供个性化的学习资源和指导。通过尊重学生多样性等方式,我们可以营造一个更加和谐、包容的学习环境,让每一个学生都能在"两性一度"的教育理念下获得全面发展。

最后需要指出的是,"两性一度"教育理念并不是一成不变的。随着时代的进步和教育的发展,我们需要不断地反思和调整这一理念的实施方式和方法,以确保其始终与学生的学习需求和社会的发展需求保持同步。只有这样,"两性一度"才能真正成为推动英语专业教育创新和发展的有力工具。同时,我们也要意识到,"两性一度"教育理念的应用不仅仅局限于课堂教学,它还可以延伸到课外实践、学生评价等多个方面,从而形成一个全方位、立体化的教育体系。

第二节 人工智能在英语专业教学中的应用现状

随着人工智能技术的快速发展,其在教育领域的应用日益广泛。英语专业教学作为语言教学的重要组成部分,也开始尝试将人工智能技术融入教学过程中。本节将从听力、口语、写作、阅读和词汇教学五个方面,对人工智能在英语专业教学中的应用现状进行综述。

一、人工智能在英语听力教学中的应用

英语听力教学一直是语言教学的重点和难点。传统的听力教学方式,如播放录音、教师示范等,往往难以满足学生个性化的学习需求。而人工智

能技术的引入,为英语听力教学提供了新的可能性。

智能语音识别技术是人工智能在英语听力教学中应用的典型代表。通过这一技术,学生的英语口语可以被实时转写,并得到即时的反馈。例如,科大讯飞开发的"英语口语智能训练系统",就利用了语音识别技术。学生在系统中朗读英语材料,系统会自动评估学生的发音准确性,并给出针对性的建议,如哪个音素发音不准确、如何改进等。这种即时、个性化的反馈,对提高学生的英语听力水平有重要意义。

除了智能语音识别,自适应听力训练系统也是人工智能在英语听力教学中的重要应用。传统的听力训练材料往往是"一刀切"的,无法满足不同水平学生的需求。而自适应听力训练系统则可以根据学生的听力水平,自动调整听力材料的难度,提供个性化的学习方案。以"英语听力自适应训练平台"为例,学生在初次使用时需要完成一个听力水平测试,系统会根据测试结果,为学生推荐合适难度的听力材料。在学生完成训练后,系统还会根据学生的表现,动态调整后续材料的难度,实现了真正意义上的"因材施教"。

二、人工智能在英语口语教学中的应用

在英语口语教学中,学生缺乏真实的语言环境和交际对象,是制约口语能力提高的重要因素。而人工智能技术的引入,为学生创造了真实的对话场景和沉浸式的学习体验。

智能对话系统是人工智能在英语口语教学中的重要应用之一。这类系统通过自然语言处理和语音交互技术,可以与学生进行真实的英语对话,并根据学生的表现给出相应的反馈。例如,"英语口语对话实训系统"就是一款面向大学英语学习者的智能对话系统。学生可以选择不同的对话场景,如购物、就医、面试等,系统会扮演相应的角色与学生进行对话。在对话过程中,系统会纠正学生的语法和表达错误,并给出合适的表达建议。这种沉浸式的对话训练,可以有效提高学生的口语交际能力。

除了智能对话系统,虚拟现实技术也在英语口语教学中得到了应用。通过虚拟现实技术,学生可以身临其境地体验英语国家的文化和生活,从而增强跨文化交际能力。例如,依托国家虚拟仿真实验教学平台的各项课程,为学生提供了多种虚拟场景,如机场、酒店、餐厅等。学生可以在这些场景中与虚拟人物进行英语交流,系统会根据学生的表现给出评分和反馈。这种身临其境的学习体验,不仅可以提高学生的英语口语能力,还能培养其跨文化交际意识。

三、人工智能在英语写作教学中的应用

英语写作是语言输出的重要方式,但由于缺乏有效的反馈和指导,学生的写作能力提高往往较为缓慢。人工智能技术的引入,为英语写作教学提供了新的思路和方法。

自动评分系统是人工智能在英语写作教学中的典型应用。传统的写作评分主要依赖教师的人工批改,费时费力,且难以保证评分的客观性。而自动评分系统则可以利用自然语言处理和机器学习技术,对学生的写作进行快速、客观的评分。例如,"英语写作智能评测系统"可以对学生的写作内容、语法、词汇、结构等方面进行全面评估,并给出具体的得分和修改建议。这种即时、详细的反馈,可以帮助学生及时发现写作中的问题,并加以改进。

写作辅助工具是人工智能在英语写作教学中的另一重要应用。这类工具通过智能算法和大数据分析,可以为学生提供写作素材、句型推荐、语法检查等服务。学生在写作过程中,系统会根据学生的写作内容,自动推荐合适的词组和句型,帮助学生丰富语言表达。同时,系统还会实时检查学生的语法和拼写错误,减轻了教师的批改负担。这种智能化的写作辅助,可以有效提高学生的写作效率和质量。

四、人工智能在英语阅读教学中的应用

英语阅读是语言输入的主要途径,但如何选择合适的阅读材料,并有效

提高阅读理解能力,一直是英语阅读教学的难点。人工智能技术的引入,为解决这些问题提供了新的思路。

个性化阅读推荐是人工智能在英语阅读教学中的重要应用之一。传统的阅读教学往往采用统一的教材和课文,难以满足不同学生的阅读需求。而个性化阅读推荐系统则可以根据学生的阅读水平、兴趣爱好等因素,智能推荐合适的阅读材料。大数据分析和机器学习技术,为学生提供个性化的阅读内容。学生在平台上阅读后,系统会记录学生的阅读行为和表现,并不断优化推荐策略,实现了"千人千面"的阅读教学。

智能阅读理解系统是人工智能在英语阅读教学中的另一个重要应用。这类系统通过自然语言处理技术,可以自动生成阅读理解题目,并对学生的答题情况进行即时评估。以"英语阅读理解智能训练系统"为例,学生在系统中完成阅读后,系统会根据课文内容,自动生成选择题、填空题、简答题等多种类型的题目。学生作答后,系统会立即给出正确答案和解析,帮助学生及时发现并纠正错误。这种智能化的阅读理解训练,可以有效提高学生的阅读理解能力。

五、人工智能在英语词汇教学中的应用

词汇是语言学习的基础,但传统的词汇教学方式,如死记硬背、机械重复等,往往难以激发学生的学习兴趣,也难以使学生达到理想的学习效果。人工智能技术的引入,为英语词汇教学带来了新的活力。

智能背单词软件是人工智能在英语词汇教学中的典型应用。这类软件利用自适应算法和个性化学习策略,可以为学生提供高效的词汇记忆方案。例如,"智能单词记忆系统"就是一款基于人工智能的背单词软件。学生在初次使用时,系统会评估学生的词汇量和记忆能力,并据此制订个性化的学习计划。在学习过程中,系统会根据学生对每个单词的掌握情况,智能调整单词的呈现次数和间隔时间,实现了"遗忘—再认—巩固"的高效记忆。

词汇语境分析工具是人工智能在英语词汇教学中的另一重要应用。这

类工具通过语料库分析和自然语言处理技术,可以自动分析单词在不同语境下的用法和搭配。以"英语词汇语境搜索引擎"为例,学生在搜索某个单词时,系统会给出该单词在真实语料中的大量例句,并标注出其典型搭配和用法。通过浏览这些真实语境,学生可以深入理解单词的语义和用法,从而更好地掌握和运用词汇。

综上所述,人工智能技术在英语专业教学的各个方面,如听力、口语、写作、阅读、词汇等,都得到了深入而广泛的应用。这些应用为教师和学生提供了新的教学手段和学习方式,有效地促进了英语教学的智能化、个性化发展。

然而,我们也应该清醒地认识到,人工智能技术虽然为英语教学带来了诸多便利和优势,但它并不能完全取代教师的作用。如何更好地将人工智能技术与教师的教学经验相结合,发挥二者的互补优势,才是未来英语教学发展的重要方向。

具体而言,教师应该积极了解和应用人工智能技术,将其与传统教学方法有机结合,为学生提供更加丰富、灵活的学习体验。同时,教师还应该发挥自身的创造力和领导力,为人工智能技术在英语教学中的应用提供指导和创新,不断探索新的教学模式和方法。

只有在人工智能技术与教师智慧的双重驱动下,英语专业教学才能真正实现智能化、个性化、高效化,为学生的语言学习和应用能力的提高提供有力支撑。这也是我们在未来英语教学实践中,值得不断探索和努力的方向。

第三节 专创融合课程改革的必要性

随着社会的快速发展和国际交流的日益频繁,对英语专业人才的需求也在不断变化。传统的英语专业课程设置已经难以满足当前的人才培养需求。因此，推进英语专业的专创融合课程改革，已经成为高校英语教育发展的必然趋势。本节将从以下几个方面论述英语专业专创融合课程改革的必要性。

一、适应社会发展需求，培养复合型英语人才

随着经济全球化和"一带一路"倡议的深入推进，我国与世界各国的交流合作日益密切。这对英语专业人才提出了新的要求，不仅需要扎实的语言基本功，还需要具备跨文化交际、国际贸易、翻译实务等多方面的能力。然而，传统的英语专业课程设置，往往侧重于语言技能训练，忽视了学生综合能力的培养。

专创融合课程改革，就是要打破语言技能课程与专业内容课程的界限，将二者有机融合，为学生提供更加全面、实用的知识体系。例如，在跨文化交际课程中，可以融入商务谈判、国际礼仪等内容，提高学生的跨文化商务交际能力。在翻译实务课程中，可以结合法律、医学、科技等不同领域的材料，培养学生的专业翻译能力。通过专创融合，学生不仅能够掌握扎实的语言技能，还能够形成特定领域的专业知识和实践能力，成为适应社会发展需求的复合型英语人才。

二、促进学科交叉融合，拓宽英语专业发展空间

在当前的学科发展趋势中，交叉融合已经成为一个重要特征。不同学科之间的相互渗透和借鉴，往往能够产生新的研究领域和增长点。英语专业作为语言学科，更需要与其他学科交叉融合，拓宽自身的发展空间。

专创融合课程改革，为英语专业与其他学科的交叉融合提供了重要契机。通过将英语语言课程与商学、法学、新闻传播学等不同专业课程相结合，可以形成诸如商务英语、法律英语、新闻英语等交叉学科，为英语专业注入新的活力。例如，上海外国语大学开设的"金融英语"课程，就是英语专业与金融学科交叉融合的成功案例。该课程不仅教授金融专业知识，还

注重培养学生在金融领域的英语应用能力,极大地拓展了学生的就业空间。

可以看出,专创融合课程改革不仅有助于英语专业自身的发展,也为其他学科注入了语言学习的新元素,促进了学科之间的相互借鉴和融合,为培养复合型、创新型人才提供了重要支撑。

三、顺应智能时代发展,探索英语教学新模式

在人工智能、大数据等新兴技术的推动下,我们已经步入了智能时代。教育领域也不例外,智能技术正在为教育教学带来深度变革。英语专业要想在智能时代保持竞争力,就必须主动拥抱变革,探索教学的新模式、新路径。

专创融合课程改革,为英语专业探索智能化教学提供了重要切入点。通过将英语教学与智能技术相结合,可以形成一系列创新性的教学模式。例如,基于大数据分析的个性化学习,可以根据学生的学习特点和需求,智能推送学习资源和任务,实现因材施教。再如,基于虚拟现实技术的沉浸式教学,可以为学生营造逼真的语言环境和应用场景,提高学习的趣味性和实效性。

此外,专创融合课程改革还有助于促进英语教学资源的智能化生成和应用。通过建设英语专业知识图谱、学习资源库等,可以实现教学内容的智能检索、推荐和组合,为教师的教学设计提供智能支持。同时,学生也可以根据自己的学习需求,智能检索和调用相关资源,实现个性化、自主化的学习。

总之,在智能时代,专创融合课程改革为英语专业教学注入了新的技术元素,有助于探索智能化、个性化的教学新模式,提升英语教学的质量和效率。

四、推动产教融合发展,提升人才培养质量

产教融合是指教育与产业的紧密结合,以促进人才培养与产业需求的

无缝对接。对于英语专业而言,产教融合发展已经成为提升人才培养质量的重要路径。而专创融合课程改革,正是推动产教融合发展的重要抓手。

专创融合课程改革要求英语专业在课程设置上,充分考虑市场和企业的实际需求。通过与语言服务、跨境电商、国际贸易等行业企业合作,共同开发课程内容,设计实践项目,可为学生提供真实的语言应用环境和实习锻炼机会。例如,北京外国语大学与国际知名翻译公司合作,开设了"翻译项目实践"课程。学生在课堂上接受翻译理论和技能训练,同时参与企业的真实翻译项目,将所学知识与实践紧密结合。这种"做中学、学中做"的产教融合模式,极大地提高了学生的就业竞争力。

此外,专创融合课程改革有助于建立产学研用协同育人机制。通过吸纳行业企业专家参与课程建设和教学,建立企业导师制度,可以为学生提供更加多元化、专业化的指导。同时,教师也可以通过参与企业实践,及时了解行业动态,更新知识结构,提升实践教学能力。这种产学研用协同育人机制,能够有效促进高校人才培养与产业需求的精准对接,全面提升英语专业人才的培养质量。

综上所述,英语专业专创融合课程改革已经成为适应时代发展、提升人才培养质量的必然要求。它不仅有助于培养适应社会需求的复合型英语人才,促进英语学科与其他学科的交叉融合,探索智能化教学的新模式,还能够推动产教融合发展,为英语专业教学注入新的活力。

然而,专创融合课程改革也是一项复杂的系统工程,需要教育管理者、教师、学生、企业等多方主体的共同参与和努力。在改革的过程中,我们要树立"以学生发展为中心"的理念,科学设计课程内容和教学方式,建立完善的质量保障和评估机制,确保专创融合课程的有效实施。只有不断探索、不断完善,英语专业的专创融合课程改革才能真正取得成效,为培养德才兼备的新时代英语人才做出应有的贡献。

第四节 改革设计方案

一、课程设置与创新

在英语专业专创融合课程的改革设计中,课程设置与创新是核心环节。这一环节旨在构建一种新型的课程模式,将创新理念与实践活动深度融合,以提升学生的综合素质和专业能力。

新的课程设计理念强调以学生为中心,注重学生的个性化发展和创新思维的培养。为实现这一目标,课程设置应打破传统以知识传授为主的模式,转变为以能力培养为导向,注重学生的实践能力和创新精神的提升。具体可以从以下几个方面入手。

(一)优化课程结构,突出创新与实践

在课程设置上,应适当减少纯理论课程的比重,增加实践性和创新性强的课程。例如,可以开设跨学科的综合实践课程,引导学生运用所学知识解决实际问题,培养他们的创新意识和实践能力。同时,还可以设置一些创新实验、创新项目等,为学生提供更多动手实践的机会。

(二)引入创新教学方法,激发学生创新思维

教学方法的改革也是课程设置与创新的重要环节。传统的教学方法往往注重知识的灌输,而忽视了学生的主体地位和创新思维的培养。因此,应引入创新教学方法,如案例教学法、项目式教学法、翻转课堂等,以激发学生的学习兴趣和创新思维。这些教学方法可以帮助学生更好地理解知识,提高他们的自主学习能力和解决问题的能力。

(三)加强课程与行业的对接,培养应用型人才

英语专业的课程设置应紧密结合行业发展的需求,加强课程与行业的对接。通过与行业企业的合作,了解行业对人才的需求标准,据此调整课程设置和教学内容,培养具有行业背景知识和实践技能的应用型人才。这种对接不仅有助于提高学生的就业率,还能促进英语专业的可持续发展。

(四)建立多元化的评价体系,全面评估学生能力

课程设置与创新的最终目的是提升学生的综合素质和专业能力。因此,应建立多元化的评价体系,从多个角度全面评估学生的能力。除了传统的考试成绩外,还应注重学生的实践表现、创新能力、团队协作能力等方面的评价。这种多元化的评价体系可以更真实地反映学生的综合素质,为他们的全面发展提供有力支持。

课程设置与创新是英语专业专创融合课程改革设计的关键环节。通过优化课程结构、引入创新教学方法、加强课程与行业的对接以及建立多元化的评价体系等措施,我们可以构建一种新型的课程模式,将创新与实践深度融入课程中,为培养具有创新精神和实践能力的英语专业人才奠定坚实基础。

二、教学方法与技术融合

在探讨如何将人工智能技术有效地融入英语专业的教学方法中时,我们需要深入理解人工智能技术的特性和英语专业教学的实际需求。随着科技的进步,人工智能技术如自然语言处理、机器学习和大数据分析等,为英语专业的教学提供了新的可能性。

在教学方法上,我们可以借助人工智能技术实现个性化教学。通过分析学生的学习数据,教师可以根据学生的个体差异,提供定制化的学习计划和教学资源。例如,利用智能推荐系统,为每个学生推送符合其学习风格和兴趣的阅读材料,从而激发学生的学习兴趣,提高其学习效率。

人工智能技术还可以用于创建智能辅助教学系统。这类系统能够实时分析学生的学习进度和反馈,为教师提供精确的教学建议。同时,系统还可以自动批改作业和试卷,减轻教师的工作负担,使他们有更多时间关注学生的个性化需求。

在课堂教学方面,人工智能技术同样大有可为。例如,利用虚拟现实(VR)和增强现实(AR)技术,教师可以为学生打造沉浸式的语言学习环境。通过模拟真实的语言交际场景,让学生在虚拟环境中进行角色扮演和对话练习,从而有效提升他们的口语表达能力和跨文化交际能力。

我们还应关注到人工智能技术在自主学习和终身学习方面的潜力。通过构建智能化的在线学习平台,学生可以随时随地地进行自主学习,不受时间和空间的限制。平台还可以根据学生的学习进度和反馈,智能调整学习内容和难度,确保学生始终保持高效的学习状态。

尽管人工智能技术为英语专业教学带来了诸多便利和可能性,我们仍需警惕其可能带来的问题。例如,过度依赖技术可能导致学生忽视传统的学习方式和方法;同时,数据的收集和处理也可能引发隐私和伦理问题。因此,在融合人工智能技术的过程中,我们需要保持审慎和理性的态度,确保技术真正为教学服务,而不是取代传统的教学方式。

总的来说,将人工智能技术有效地融入英语专业的教学方法是一个复杂而富有挑战性的任务。它要求我们不仅要深入理解技术的特性和教学的需求,还要在实践中不断探索和创新。通过充分利用人工智能技术的优势并警惕其潜在问题,我们可以为英语专业的学生提供更加优质、高效和个性化的教学服务。

三、评价与反馈机制

在英语专业专创融合课程的改革设计中,评价与反馈机制是至关重要的环节。这一机制不仅有助于及时了解学生的学习进度和掌握程度,还能为教师提供调整教学策略的依据,从而实现教学质量的持续优化。以下是一套科学有效的课程评价和学生学习成果反馈机制的设计方案。

(一)课程评价

课程评价是对教学效果的全面考量,它应涵盖教学内容、教学方法、教学资源以及学生的学习成果等多个方面。在此,我们提出以下课程评价体系。

1. 教学内容评价

定期对课程内容进行审查,确保其符合教学目标,且能反映英语专业的最新发展动态。同时,通过问卷调查、学生访谈等方式,收集学生对课程内容的反馈,以便及时调整和优化。

2. 教学方法评价

采用多元化的教学方法,如案例教学、小组讨论、角色扮演等,以激发学生的学习兴趣和提高其学习效果。通过教学观摩、教师互评以及学生评价等方式,对教学方法进行定期评估和改进。

3. 教学资源评价

对教材、教学软件、多媒体资源等进行评价,确保其质量上乘、内容丰富,并能满足学生的学习需求。此外,鼓励教师和学生共同开发和利用网络资源,以拓展学习渠道。

(二)学生学习成果反馈

为了全面了解学生的学习成果,并提供有针对性的反馈,可以设计以下反馈机制。

1. 课堂表现反馈

通过观察学生在课堂上的表现,了解他们的学习状态和问题所在。教师可以通过口头反馈、书面反馈或电子邮件等方式,及时给予学生指导和建议。

2. 作业与测验反馈

定期布置作业和进行测验,以检验学生对课程内容的掌握情况。教师在批改作业和阅卷过程中,应详细指出学生的优点和不足,并给出改进意见。

3. 学习进度跟踪

建立学生学习档案,记录他们的学习进度和成绩变化。通过对比分析,教师可以发现学生的学习规律和潜在问题,从而为他们提供更个性化的指导。

4.定期评价与反馈会议

组织学生参加定期的评价与反馈会议,让他们分享学习心得和困难,以便教师及时了解学生的学习需求和问题,共同探讨解决方案。

三、实施与保障措施

为确保评价与反馈机制的有效实施,可以实施以下保障措施。

1.加强教师培训

提高教师对评价与反馈机制的认识和实施能力,确保他们能够提供高质量的评价和反馈。

2.完善教学管理制度

明确评价与反馈的标准和流程,确保机制的公平性和客观性。同时,建立激励机制,鼓励教师和学生积极参与评价与反馈活动。

3.利用信息技术手段

借助在线教育平台和学习管理系统等工具,实现数据的实时采集、分析和反馈。这有助于教师更精确地了解学生的学习情况,提供个性化的指导。

通过构建科学有效的课程评价和学生学习成果反馈机制,我们可以全面了解教学效果和学生的学习状况,为英语专业的专创融合课程改革提供有力支持。这将有助于提高教学质量,激发学生的学习兴趣和潜能,培养出更多具备创新精神和实践能力的英语专业人才。

第五章
智慧课程与英语专业专创融合课程的改革设计

在当今教育信息化和全球化的趋势下,智慧课程和英语专业的专创融合课程成为教育改革的热点。智慧课程,依托于新兴的信息技术手段,运用科学的学习理论,为教师和学生提供了一个高效、互动的教学环境。而英语专业的专创融合课程,旨在培养学生的创新思维和创业能力,以适应社会对于多元化、创新型人才的需求。

智慧课程与英语专业专创融合课程的结合,不仅有助于提升教学质量,更能培养学生的综合素质。通过智慧课堂的应用,教师可以更加灵活地设计教学内容和方法,实现个性化教学,提高学生的学习兴趣和参与度。同时,专创融合课程的实施,可以帮助学生将英语知识与实践相结合,提升他们的创新思维和解决问题的能力。

当前这两类课程在融合过程中还存在诸多问题,如课程设计不够科学、教学资源整合不足、教师教学理念和方法亟待更新等。因此,对智慧课程与英语专业专创融合课程进行改革设计,显得尤为重要。通过改革设计,我们可以进一步优化课程体系,提升教学质量,培养出更多具备创新精神和实践能力的英语专业人才。

智慧课程与英语专业专创融合课程的改革设计,不仅符合当前教育发展的趋势,也是提高英语教学质量、培养学生创新思维和创业能力的关键举措。通过科学合理地设计课程体系、整合教学资源、更新教学理念和方法,推动英语教学改革向更深层次发展。

第一节　智慧课程概述

智慧课程是现代教育技术与传统教学相结合的一种新型教育模式。它涵盖了多个方面,包括知识图谱、AI助教、数字教材、AI工具和专有知识库等关键组成部分。这些元素共同构成了智慧课程的核心结构,为学习者提供了更加丰富、个性化和高效的学习体验。

一、知识图谱

知识图谱是智慧课程的重要基础,它提供了一种结构化的知识表示方式。通过图谱,学习者可以清晰地看到知识点之间的联系和脉络,有助于形成系统的知识体系。例如,在英语专业学习中,知识图谱可以展现出词汇、语法、文化背景等知识点之间的关联,帮助学习者更好地理解和应用英语知识。

二、AI助教

AI助教是智慧课程中的另一个重要元素。它利用人工智能技术,为学习者提供个性化的辅导和反馈。AI助教可以根据学习者的学习情况和进度,推荐合适的学习资源和路径,及时解答学习者的疑问,提供针对性的学习建议。这种智能化的辅导方式,不仅可以提高学习效率,还能帮助学习者培养自主学习的能力。

三、数字教材

数字教材是智慧课程的核心资源之一。与传统的纸质教材相比,数字教材具有更加丰富的内容和交互性。它可以通过嵌入视频、音频、动画等多媒体元素,为学习者提供更加生动、形象的学习材料。同时,数字教材还支持实时的更新和修订,确保学习内容的时效性和准确性。

四、AI 工具

AI 工具在智慧课程中发挥着重要的作用。这些工具利用人工智能技术,为学习者提供便捷的学习支持。例如,智能语音识别工具可以帮助学习者纠正发音错误,提高口语能力;智能写作助手可以为学习者提供写作建议和语法检查,提升写作水平。这些 AI 工具的出现,极大地丰富了学习者的学习方式。

五、专有知识库

专有知识库是智慧课程中不可或缺的一部分。它针对特定的学科或领域,收集和整理了大量的专业知识和数据。学习者可以通过访问专有知识库,获取到更加深入和专业的知识内容。例如,在英语学习中,专有知识库可以提供丰富的词汇、短语、例句等语言资源,帮助学习者更好地掌握英语语言知识。

智慧课程通过整合知识图谱、AI 助教、数字教材、AI 工具和专有知识库等多个方面,为学习者提供了更加全面、高效和个性化的学习体验。这种新型的教育模式不仅有助于提高学习者的学习效率和能力,还为现代教育的发展带来了新的机遇和挑战。

第二节 英语专业专创融合课程现状

英语专业专创融合课程作为高校培养创新型、应用型英语人才的重要尝试,在近年来得到了广泛的关注和探索。越来越多的高校开始意识到,在新时代背景下,单纯的语言技能训练已经无法满足社会对英语专业人才的要求。因此,将创新创业教育与英语专业教育相结合,成为英语专业教学改革的重要方向。

然而,在实际推进英语专业专创融合课程的过程中,高校却面临着诸多挑战和问题。尽管许多高校已经开始尝试构建专创融合课程体系,但在课程设计、教学资源、评价体系等方面,仍存在不少亟待解决的问题。这些问题制约了专创融合课程的教学质量和育人效果,影响了英语专业人才培养的整体水平。

一、课程设置:内容陈旧,实践性不足

目前,部分高校英语专业专创融合课程在设计上仍然存在不少问题。最突出的问题是,许多课程仅仅停留在表面的"拼盘式"结合上,未能实现创新创业教育与英语专业教育的真正融合。

具体而言,一些专创融合课程的内容缺乏创新性和前瞻性,与当前市场需求和行业发展趋势脱节。比如,有的课程过于注重英美文学、语言学等传统英语专业知识,而忽视了跨境电商、国际商务等新兴领域的英语应用。还有一些课程,虽然引入了创新创业元素,但内容陈旧、案例单一,无法反映创新创业的最新动态和实践。

与此同时,专创融合课程普遍存在重理论、轻实践的问题。许多课程过于强调概念、理论的传授,而在实践教学环节投入不足。学生缺乏动手实践的机会,无法将所学知识转化为创新创业能力。例如,有的创业英语课程大量讲授创业理论、商业模式,但很少安排学生参与创业项目、商业计划书撰写等实践活动。这种脱离实际的教学模式,难以有效培养学生的创新精神和实践能力。

二、教学资源:利用率低,整合不足

在教学资源方面,尽管不少高校已经引进了先进的智慧教育工具和平台,但在实际应用中却面临诸多问题。

首先,教学资源的利用率不高。一些高校引进的智慧教育设备,如虚拟现实、人工智能系统等,由于缺乏有效的应用场景和配套课程,常常处于闲置状态。教师受制于传统教学观念和技术能力不足,无法充分利用这些资

源开展教学活动。而学生也因缺乏引导和激励，主动使用这些资源的意愿不高。

其次，教学资源整合不足。目前，高校引进的智慧教育资源通常来自不同的供应商和平台，在格式、接口等方面缺乏统一的标准。这导致不同资源之间无法有效对接，数据难以互通共享。比如，学校引进的在线课程平台与实践教学管理系统各自独立，无法实现学生学习数据的实时共享，影响了教学的连续性和针对性。

最后，教学资源的适配性有待提高。一些通用的教育资源，如慕课、开放教育资源等，虽然内容丰富，但与英语专业专创融合课程的特定需求不完全匹配。教师需要投入大量时间和精力，对这些资源进行二次开发和调整，以适应本校的人才培养目标和教学实际。而这种"拿来主义"的资源使用方式，也在一定程度上制约了教师的创新意识和教学自主权。

教学资源是影响英语专业专创融合课程教学效果的关键因素。高校需要进一步加强资源的精准化应用和集成化管理，提高资源利用率和适配性，为教师和学生提供优质、高效的教学支持。同时，还需要加强校企合作，引入行业优质资源，促进教学内容与产业实践的紧密衔接。

三、师资队伍：专创能力不足，培养机制有待完善

师资队伍建设是推进英语专业专创融合课程改革的基础。然而，目前许多高校在这一方面仍存在明显短板，主要体现在教师专创能力不足和培养机制不健全两个方面。

一方面，部分高校英语专业教师缺乏系统的创新创业教育理念和实践经验。传统的英语专业教师大多专注于语言教学和文学研究，对创新创业教育的认识不够深入，教学方法也相对单一。他们虽然掌握了扎实的英语语言知识，但在创业指导、项目孵化等方面的能力却相对欠缺。这种知识结构和能力结构的不平衡，导致专创融合课程的教学质量难以保证。

另一方面，高校对英语专业教师专创能力的培养缺乏长效机制。许多

学校虽然意识到教师专创能力提升的重要性,但在实际培养过程中往往缺乏系统性和持续性。教师参加的培训多以短期讲座、研讨会等形式为主,理论性、概括性的内容较多,实践操作和案例分析较少。这种零散化、表面化的培养模式,难以帮助教师真正掌握专创融合教育的实质和方法。

同时,高校在专创型英语教师的引进和激励方面也有待加强。目前,具备丰富创新创业教育经验的复合型人才十分紧缺。而高校受编制、薪酬等条件限制,往往难以吸引或留住这类优秀教师。激励政策方面,考核评价体系仍然偏重学术研究和论文发表,对教师开展专创教育的投入考核权重不足,影响了教师的积极性和创新动力。

打造一支既有扎实英语功底、又有较强专创教育能力的高水平师资队伍,是推进英语专业专创融合课程的关键所在。高校需要加大专创型英语教师的培养力度,建立常态化、多元化的教师培训体系。同时,要创新用人机制,以更具吸引力的条件引进行业专家、创业导师等优秀人才。完善教师考核评价和激励保障制度,调动教师投身专创教育的积极性,为英语专业人才培养提供坚实的师资保障。

四、评价体系:单一化,难以全面反映学生能力

评价体系是专创融合课程改革的又一个关键环节。科学、多元的评价体系,能够引导教学实践,激发学生学习动力,推动人才培养质量的持续提升。然而,目前英语专业专创融合课程在评价方面仍存在较为严重的单一化倾向。

许多高校的专创融合课程,仍然延续了传统的期末考试模式。这种单一的评价方式,主要考查学生对理论知识的掌握情况,难以全面反映学生的语言应用能力、创新思维和实践技能。部分学校虽然在考核内容上有所创新,引入了口语测试、项目报告等形式,但在评价主体、评价标准上仍较为单一,缺乏多元参与和个性化评估。

单一化的评价体系,不仅无法为教师提供及时、准确的教学反馈,也难

以激发学生的学习兴趣和创造潜能。在应试导向下,学生容易陷入"为考试而学"的窠臼,过度关注考试成绩,而忽视了创新能力和实践技能的培养。这种学习状态下,学生难以真正将英语视为交流和创造的工具,更难以形成独立思考、勇于实践的创新品格。

另外,单一化评价还可能导致教学内容和方法的异化。为了适应考试要求,部分教师可能会过度强调考试重点,而减少对语言应用、跨文化交际等内容的讲授。教学方式上,也可能片面追求"教考一致",而忽视了启发式、参与式教学的运用。久而久之,专创融合课程的教学效果和创新活力必然大打折扣。

构建科学、多元的评价体系,是深化英语专业专创融合课程改革的题中应有之义。高校需要突破传统的考试模式,建立起与课程目标和教学内容相适应的评价机制。在评价主体上,要充分吸收教师、学生、行业专家等多方参与;在评价内容上,要全面考查学生的语言运用、跨文化交际、创新思维、团队协作等综合素质;在评价方法上,要灵活采用测验、项目、论文、作品等多种形式,注重过程性评价与终结性评价的结合。唯有建立起鼓励创新、突出能力、重视个性的评价导向,才能为英语专业专创融合课程的有效实施提供持久动力。

英语专业专创融合课程是培养新时代英语人才的重要路径。但在推进过程中,不可避免地遇到了诸多问题和挑战。课程内容不够创新,实践环节设计不足,教学资源利用率低下,教师专创能力有待提高,评价体系单一化倾向严重,这些问题在制约着专创融合课程的深入实施和创新发展。

高校作为专创融合课程建设的主体,必须采取切实举措,多管齐下,系统推进。要从体制机制层面保障课程建设,加大政策支持和经费投入;要整合校内外资源,强化产学研用协同,优化课程内容;要加强专创教育师资培养,提升教师教学能力和创新意识;要改革传统评价模式,建立科学合理的考核评价体系。唯此,英语专业专创融合课程才能真正落地生根,焕发出勃勃生机,为英语专业人才的创新发展提供持久动力。

推进英语专业专创融合课程改革,不仅事关英语专业教育的未来,更关乎我国创新型人才培养体系的完善。站在时代发展的高度,我们必须以开放、创新、求实的态度,直面改革中的困难和挑战,在探索中前行,在创新中突破。相信通过全体英语教育工作者的不懈努力,专创融合课程必将成为引领英语专业教育创新发展的一面旗帜,为国家创新驱动发展战略的实现做出更大贡献!

第三节 改革设计理念与目标

一、引入智慧课程元素

在探讨如何将智慧课程元素融入英语专业专创融合课程中时,我们需要首先认识到智慧课程所带来的变革性潜力和其对教育教学过程的深远影响。智慧课程以其独特的技术优势,为英语专业专创融合课程提供了新的发展机遇。

融合智慧课程元素的首要步骤是构建完善的知识图谱。对于英语专业而言,这意味着将语言知识、文学知识、文化知识等系统性地整合,并通过知识图谱进行可视化展示。这样的图谱不仅有助于学生系统地掌握知识,还能为教师提供针对性的教学辅助。例如,通过分析学生在知识图谱中各个节点的掌握情况,教师可以精准地发现学生的薄弱环节,从而进行有针对性的教学。

AI 助教在英语专业专创融合课程中能发挥巨大作用。AI 助教能实时分析学生的学习数据,为他们提供个性化的学习建议和反馈。同时,AI 助教还能辅助教师进行作业批改、答疑解惑,大大提高教学效率。通过 AI 助教,教师可以更好地监控学生的学习进度,及时调整教学策略。

数字教材是智慧课程的另一重要组成部分。相较于传统纸质教材,数字教材具有更新迅速、内容丰富、互动性强等优势。在英语专业专创融合课程中,数字教材可以提供多元化的学习资源和真实语境,帮助学生更好地理解和掌握英语知识。此外,数字教材还能与AI助教相结合,为学生提供更加智能化的学习体验。

AI工具在英语专业专创融合课程中的应用同样不可忽视。这些工具包括但不限于智能翻译、语音识别、自动评分等。通过这些工具,学生可以更加高效地提升英语听说读写能力,而教师则能更准确地评估学生的学习成果。例如,智能翻译工具可以帮助学生理解英语文本,而语音识别工具则可以提升学生的英语口语能力。

专有知识库的建设对于英语专业专创融合课程来说至关重要。这类知识库可以汇集各类英语专业相关的知识资源,如文学作品、语法规则、历史文化背景等。学生可以通过访问这些知识库,深入了解英语专业的各个方面,从而提升自身的专业素养。同时,教师也可以利用这些知识库丰富教学内容,提高教学质量。

在实施这些智慧课程元素的过程中,我们需要注意以下几点:一是要确保技术的有效整合,避免技术与教学内容脱节;二是要关注学生需求,确保智慧课程元素真正服务于学生的学习;三是要注重教师培训,提升他们运用智慧课程元素的能力。

通过将知识图谱、AI助教、数字教材、AI工具和专有知识库等智慧课程元素融入英语专业专创融合课程中,我们可以有效提升教学效果,培养出更多具备创新精神和实践能力的英语专业人才。这不仅有助于推动英语专业教育教学的革新,还将为学生的全面发展提供有力支持。

二、优化课程结构与内容

在英语专业专创融合课程的改革设计中,优化课程结构与内容显得尤为重要。这一环节不仅关乎课程质量的提升,更是培养学生个性化和创新能力的关键所在。因此,我们必须从课程设置的根本出发,深入探讨如何有效地进行结构与内容的双重优化。

课程结构的优化应当着眼于整体框架的合理性和各部分的协调性。我们需要构建一个层次分明、逻辑严密的课程体系,确保每一门课程都能在整体框架中找到恰当的位置。这要求我们对现有课程进行全面梳理,明确各门课程之间的逻辑关系,避免内容重叠和冗余。同时,我们还应注重课程的连贯性和递进性,确保学生在学习过程中能够循序渐进,稳步提升。

在优化课程结构的基础上,我们还需要对课程内容进行深入改革。一方面,我们要紧密结合英语专业的发展趋势和行业需求,及时更新课程内容,确保学生所学知识与时代发展同步。另一方面,我们要注重培养学生的创新能力和批判性思维,通过设置具有挑战性和探索性的学习任务,激发学生的学习兴趣和创新潜能。此外,我们还应充分利用智慧课程的优势,引入丰富多样的教学资源和学习工具,为学生提供更加广阔的学习空间和更加灵活的学习方式。

为了实现课程结构与内容的优化,我们需要采取一系列具体的措施。首先,我们可以成立专门的课程改革小组,负责课程体系的规划设计和课程内容的更新完善。小组成员应包括具有丰富教学经验的教师、行业专家和学者等,以确保课程改革的专业性和前瞻性。其次,我们可以加强与国内外知名高校和研究机构的合作与交流,借鉴先进的课程理念和教学方法,不断提升课程质量和教学水平。最后,我们还应建立完善的课程评估和反馈机制,定期对课程进行质量检查和效果评估,及时发现问题并进行改进。

在实施过程中,我们要始终坚持以学生为中心的教学理念,充分尊重学生的主体地位和个性差异。我们要通过优化课程结构和内容,为每个学生提供更加符合其个性特点和发展需求的学习路径。同时,我们还要注重培养学生的自主学习能力和团队协作精神,帮助他们在未来的学习和工作中更好地应对各种挑战。

优化课程结构与内容是英语专业专创融合课程改革设计的核心环节。

我们必须从整体框架和具体内容两个层面入手,通过构建合理的课程体系、更新完善课程内容、采取有效的实施措施以及坚持以学生为中心的教学理念等方式,全面提升课程质量和教学水平,为学生的个性化发展和创新能力培养奠定坚实的基础。

第四节 改革实施路径与策略

一、加强师资队伍建设

在智慧课程与英语专业专创融合课程的改革设计中,师资队伍建设无疑是至关重要的一环。教师不仅是知识的传授者,更是学生创新能力培养的引导者和促进者。因此,打造一支高素质、专业化、具备创新精神的教师队伍,对于实现课程改革目标具有举足轻重的意义。

1. 提升教师的专业素养和教育教学能力

这包括但不限于对教师进行系统的智慧课程培训,使他们熟练掌握智慧教学工具和方法,能够灵活运用知识图谱、AI 助教、数字教材等现代化教学手段,从而提升教学效果。同时,我们还应鼓励教师积极参与学术研究,不断更新知识结构,拓宽学术视野,以便更好地将前沿学术成果融入课堂教学,激发学生的学习兴趣和创新思维。

2. 教师的教育教学理念应与时俱进

在专创融合课程的背景下,教师应转变传统的教学观念,从以知识传授为中心转向以能力培养为核心,注重学生的个性化发展和实践创新能力的培养。为此,我们可以组织教师参加教育教学研讨会,邀请国内外知名教育专家进行讲座和交流,帮助教师树立先进的教育理念,掌握科学的教学方法。

3. 建立完善的激励机制

这包括设立教师教学成果奖、科研创新奖等,对在教育教学和科研工作中取得突出成绩的教师给予物质和精神上的双重奖励。同时,我们还可以为教师提供广阔的发展空间和晋升渠道,鼓励他们在专业领域不断深耕细作,成为学科领域的领军人物。

4. 注重教师团队的合作与交流

通过搭建教师协作平台、组建教学科研团队等方式,促进教师之间的资源共享、经验交流和思想碰撞,从而形成良好的学术氛围和教学合力。这不仅有助于提升教师队伍的整体水平,还能为课程改革提供源源不断的创新动力。

加强师资队伍建设是智慧课程与英语专业专创融合课程改革设计的关键一环。通过提升教师的专业素养和教育教学能力、更新教育教学理念、建立完善的激励机制以及加强教师团队的合作与交流等措施,我们可以打造一支高素质、专业化、具备创新精神的教师队伍,为课程改革的顺利实施提供有力保障。

二、推动课程智慧化建设

在英语专业专创融合课程的改革设计中,推动课程智慧化建设是至关重要的一环。为了实现这一目标,我们需要从多个方面入手,将智慧课程的理念和技术深度融入教学过程。

1. 充分利用现代信息技术

特别是通过引进人工智能技术,来提升课程的智慧化水平。例如,通过引入自然语言处理和机器学习等技术,我们可以构建智能化的教学辅助系统,帮助学生更高效地掌握英语知识和技能。这些系统可以根据学生的学习进度和反馈,智能推荐学习资源和练习内容,从而实现个性化教学。

2. 推动数字化教学资源的建设和应用

数字化教学资源具有更新迅速、交互性强、可重复使用等优点,能够为学生提供更加丰富多样的学习材料。我们可以建立英语专业的教学资源库,整合各类优质教学资源,如电子书籍、在线课程、模拟测试等,方便学生随时随地进行自主学习。

3. 应注重智慧教学环境的营造

这包括建立智能化的教室、实验室等教学场所,配备先进的教学设备和软件,以及搭建在线学习平台等。通过这些措施,我们可以为学生提供更加便捷、高效的学习环境,促进他们与教师和同学之间的互动与交流。

4. 要与教育教学的实际需求相结合

我们要充分考虑英语专业的教学特点和学生的学习需求,有针对性地引入和应用智慧课程元素。例如,在英语听说读写等各个方面的教学中,可以利用智能语音识别和评测技术来提高学生的语言技能;在文学和文化课程中,可以利用虚拟现实和增强现实等技术来增强学生的沉浸感和体验感。

在实施课程智慧化建设的过程中,我们还需要关注以下几个方面:一是要确保技术的稳定性和可靠性,避免因技术问题而影响教学效果;二是要加强教师培训和技术支持,提高教师对智慧教学工具的应用能力;三是要关注学生的反馈和需求,不断优化和完善智慧教学体系。

推动课程智慧化建设是英语专业专创融合课程改革设计的重要组成部分。通过充分利用现代信息技术和数字化教学资源,营造智慧教学环境,我们可以为学生提供更加优质、高效的学习体验,推动英语教育的创新与发展。同时,我们也需要不断关注技术发展和教育需求的变化,持续优化和完善智慧教学体系,更好地服务学生的成长和发展。

三、完善教学评价体系

在智慧课程与英语专业专创融合课程的改革设计中,完善教学评价体系是至关重要的一环。这一体系不仅用于评估学生的学习成果,还能反馈改革设计的实际效果,为进一步优化提供有力依据。因此,我们必须构建一个科学、合理且全面的教学评价体系。

我们应该明确评价体系的核心目标,即全面、客观地评估学生的学习进步程度和课程的教学质量。这需要我们结合定性和定量的评价方法,以确保评价结果的准确性和可靠性。在构建评价体系时,我们应注重学生的参与度、学习成效、创新能力以及实践能力等多个方面。

针对学生的学习参与度,我们可以通过课堂互动、在线学习平台的活跃度以及作业完成情况等指标进行评估。这些指标能够反映学生对课程的投入程度和学习态度。为了量化这些指标,我们可以利用智慧课程系统收集相关数据,如学生的登录次数、在线学习时间、论坛发帖数量等。

在学习成效方面,除了传统的考试成绩外,我们还可以引入更多元化的评价方式。例如,通过项目式学习,让学生在解决实际问题中展示他们的知识和能力。这种方式不仅能更真实地反映学生的学习水平,还能培养他们的实践能力和团队合作精神。此外,我们还可以利用智慧课程系统中的在线测试、自适应学习等功能,为学生提供个性化的学习路径和反馈,从而更准确地评估他们的学习成效。

创新能力是英语专业专创融合课程的重要培养目标之一。为了评估学生的创新能力,我们可以设置创新性的课程作业和项目,鼓励学生发挥想象力和创造力。同时,我们还可以利用智慧课程系统记录学生的创新过程,如他们的创意设计、实验方案等,以便更全面地评价他们的创新能力。

实践能力也是评价体系的重要组成部分。我们可以组织学生进行实地考察、社会实践等活动,通过他们的表现来评估其实践能力。此外,还可以与企业合作,为学生提供实习机会,让他们在真实的工作环境中锻炼自己。这些实践经历不仅能提升学生的实践能力,还能为他们未来的职业发展奠定坚实基础。

为了确保评价体系的科学性和合理性,我们还需要定期对评价体系进行审视和调整。这包括收集教师、学生和行业的反馈意见,以便不断完善评价指标和方法。同时,我们还可以利用大数据和人工智能技术对数据进行深入分析,为评价体系提供更有力的数据支持。

完善教学评价体系是智慧课程与英语专业专创融合课程改革设计中的重要一环。通过构建科学、合理的评价体系,我们能够更准确地评估学生的学习情况和课程的教学质量,为进一步优化改革设计提供有力依据。这将有助于我们培养更多具备创新精神和实践能力的英语专业人才,以满足社会发展和行业需求。

第六章

AIGC 工具与英语教学

人工智能生成内容（AIGC）工具是指利用人工智能技术，通过训练数据和算法模型自动生成文本、图像、音频、视频等内容的软件系统。近年来，AIGC 工具在科技、教育、创意等诸多领域得到了广泛关注和应用。随着人工智能技术的快速发展，AIGC 工具正在迅速改变我们创造和消费内容的方式，为各行各业带来前所未有的机遇和挑战。

在教育领域，特别是英语教学中，AIGC 工具展现出巨大的潜力。它们不仅能够提高教学效率，还能为学生提供更加个性化和沉浸式的学习体验。从自动生成教学资源到创建虚拟语言环境，从辅助写作训练到实时口语评估，AIGC 工具正在改革英语教育的方方面面。然而，如何有效地将这些工具整合到现有的教学体系中，如何平衡技术应用与传统教学方法，以及如何应对可能出现的伦理和隐私问题，都是教育者们需要深入思考的问题。

本章将深入探讨 AIGC 工具在英语教学中的应用，分析其潜在优势和面临的挑战，并提供具体的策略和场景，以帮助教育者更好地利用这些创新工具，推动英语教学的变革和发展。

第一节　AIGC 工具分类与功能介绍

AIGC 技术的迅猛发展，为内容生产领域带来了革命性的变革。各类 AIGC 工具如雨后春笋般涌现，展现出强大的内容生成能力和应用潜力。这些工具以其高效、智能、创新的特点，正在重塑我们创作和传播内容的方式。本节将根据 AIGC 工具在外语教学中的主要功能，对其进行分类介绍，并探讨其优势和挑战。

一、文本生成工具

文本是人类表达和交流的基础载体。传统的文本创作过程往往耗时费力,需要创作者投入大量的时间和精力。而 AIGC 工具的出现,为这一过程带来了革命性的变化。这类工具可以基于给定的提示词、关键词或主题,自动生成连贯、流畅、富有逻辑的文字内容。无论是新闻报道、小说创作、广告文案还是学术论文,文本生成工具都能够提供高质量的写作支持和灵感启发。

目前,文本生成领域涌现出众多优秀的 AIGC 工具,其中最具代表性的当属 GPT-4(Generative Pre-trained Transformer-4)。这一由 OpenAI 开发的大型语言模型,以其强大的自然语言处理和生成能力闻名于世。GPT-4 不仅可以完成高质量的文本生成任务,还能够胜任问答、翻译、代码生成等多种应用场景。其生成的文本在流畅度、连贯性、语义准确性等方面都达到了相当高的水平,有时甚至难以辨别是机器所写还是出自人手。

文本生成工具为写作过程带来了极大的便利,极大提高了写作效率。借助这些工具,用户可以快速获得初稿,并在此基础上进行二次创作和润色。这不仅大幅缩短了写作时间、提高了内容产出效率,也为用户提供了更多的创作灵感和思路。对于外语学习者而言,文本生成工具可以帮助其快速构建语篇框架,克服写作时的语言障碍,是提高写作能力的有力助手。

当然,我们也要清醒地认识到,文本生成工具并非万能,其生成质量仍需进一步把控和提升。由于算法和数据的局限性,这些工具有时会产生错误、偏颇,甚至违背事实的内容。此外,过度依赖文本生成工具也可能带来版权风险和原创性争议。因此,在使用这些工具的过程中,我们既要充分发挥其优势,又要保持理性和警惕,通过人机协作的方式不断完善生成内容的质量和可靠性。

二、图像生成工具

当今视觉时代,图像已经成为信息传播和艺术表达的重要载体。传统的图像创作需要专业的设计技能和制作工具,对普通用户而言往往存在较高的门槛。而图像生成工具的兴起,正在为这一领域带来新的变革和可能。

图像生成工具可以根据用户输入的文字描述,自动生成与之匹配的逼真图像。用户只需用自然语言描述自己想要的画面内容和风格,图像生成工具就能够快速输出相应的视觉作品。此外,一些图像生成工具还支持以图搜图、风格迁移等功能,可以根据用户上传的图片进行二次创作和变换。凭借强大的跨模态理解和生成能力,图像生成工具正在设计、艺术创作、医疗影像等领域得到广泛应用。

在众多优秀的图像生成工具中,DALL-E2 无疑是最负盛名的。这一由 OpenAI 开发的工具,以其出色的文生图(Text-to-Image)能力著称于世。用户只需输入一段简单的文字描述,DALL-E2 就能生成与之高度匹配的逼真图像,其生成质量和创意水平令人赞叹。

与 DALL-E2 并驾齐驱的还有 Stable Diffusion 和 Midjourney 等工具。其中,Stable Diffusion 由 Stability AI 团队开发,以其开源、易用、高质量的特点成为最受欢迎的图像生成工具之一。而 Midjourney 则以其艺术性和创造力著称,可生成梦幻般的概念画作和设计作品,深受艺术家和设计师的青睐。

图像生成工具正在为视觉内容创作开辟新的疆域。借助这些工具,即使是没有专业设计背景的普通用户,也能够轻松创作出精美的图像作品。这极大地降低了视觉创作的门槛,激发了更多新奇的创意灵感和表现形式。在外语教学领域,图像生成工具可用于快速制作教学插图、生成情景配图等,为课堂教学和学习活动增添直观、生动的视觉元素。

图像生成工具虽然为视觉创作带来了诸多便利和可能,但其应用也面临着一些挑战和争议。由于训练数据的局限性和算法的偏差,一些图像生成工具可能无法准确表现不同肤色、地域特征的人物形象,或对某些群体存在刻板印象。此外,随着图像生成工具的大规模应用,其生成作品的版权归属问题也日益凸显。这些都是图像生成工具在未来发展中需要正视和应对的问题。

三、音频/视频生成工具

音频和视频是人类感知世界、传递信息的重要媒介。近年来,随着人工智能技术的进步,音频和视频生成领域也迎来了 AIGC 工具的革新浪潮。这些工具利用先进的语音合成、计算机视觉等技术,可以自动生成逼真的人声音频和视频内容,为相关行业应用带来了新的想象空间。

在音频生成领域,ElevenLabs 等 AIGC 工具脱颖而出。ElevenLabs 是一款基于人工智能技术的语音克隆和语音合成工具,借助深度学习算法,其可以通过少量的真人语音样本,快速训练出与原声高度相似的语音模型。用户只需输入文本,就能生成由特定人声朗读的逼真音频。ElevenLabs 以其高拟真度和音色还原能力,在配音、有声读物等领域得到广泛应用。

视频生成工具方面,D-ID 和 Synthesia 等是其中的佼佼者。D-ID 是一款领先的语音和面部动画合成工具,可根据输入的文本和音频,自动生成与之同步的人物视频画面。通过 D-ID,用户可以轻松制作出逼真的虚拟主播、数字人等视频内容。而 Synthesia 则是一个全方位的 AI 视频内容创作平台,其整合了语音合成、面部表情生成、肢体动作捕捉等多项技术,可为用户提供一站式的视频生成服务。

音视频生成工具正在教育、传媒、泛娱乐等行业掀起应用新浪潮。在教育领域,教师可利用这些工具快速制作个性化的教学视频,为学生提供沉浸式、交互式的学习体验。在新闻传媒领域,音视频生成工具可用于快速制作新闻报道、专题节目,大幅提升内容生产效率。在影视娱乐领域,这些工具可助力创作者高效生成视觉特效、虚拟角色等,为内容创作注入新的活力。对于外语教学而言,教师可利用音视频生成工具,为学生创设逼真的语言应用情境,提供身临其境的听说训练机会。

音视频生成工具虽然展现了广阔的应用前景,但也引发了一些新的伦理挑战。其中最受关注的是"深度伪造"问题,即利用这些工具生成以假乱真、恶意欺骗的虚假音视频内容。这不仅可能侵犯他人的肖像权和隐私权,还可能被用于制造谣言,操纵舆论,危害社会秩序。因此,在推动音视频生成工具应用的同时,我们也要加强相关的伦理规范和监管措施,确保这些强大的技术造福社会、服务大众。

总之,AIGC 工具正以其强大的内容生成能力和智能化特征,重塑着我们创作和传播内容的方式。从文本、图像到音视频,各类 AIGC 工具百花齐放,为相关行业和领域开辟了全新的创意空间和应用可能。外语教学领域同样可以充分借鉴这些工具的优势,用于教学内容制作、学习资源生成、沉浸式语言训练等方面,为教与学注入新的活力。当然,我们也要清醒地认识到,AIGC 工具的应用还存在质量把控、版权归属、伦理风险等诸多挑战。这需要我们在推动创新应用的同时,加强行业自律和监管引导,建立健全相关的法律法规和伦理规范。唯此,才能确保 AIGC 工具在造福人类的同时,实现健康有序的发展。

未来,随着人工智能技术的不断进步,AIGC 工具必将更加智能、高效、易用。在人机协同的新范式下,AIGC 工具将与人类智慧深度融合,共同开创内容创作的新纪元。

第二节　文本生成工具促进创新教学的策略及应用场景

一、文本生成工具在促进创新英语教学中的应用策略

1. 辅助写作训练

文本生成工具可以辅助学生进行各类英语写作训练,如作文、商务书信、新闻报道等。教师可以让学生使用 AIGC 工具根据提示生成文本初稿,然后人工检查、修改并添加个人创意,有助于提高学生的写作效率和写作水平。

2. 生成个性化教学资源

教师可运用文本生成工具,根据具体教学需求生成定制化的教案、练习、测试题目等教学资源,为不同学习水平和风格的学生量身定制。这有助于个性化教学和差异化教学的实施。

3. 虚拟对话练习

通过设置特定的对话场景和人物角色,文本生成工具可以模拟生成虚拟对话内容,为学生提供更多英语口语和跨文化交际训练的机会。学生可以与 AI 对话练习,提升应变和表达能力。

4. 自动文本内容标注

教师利用 AIGC 自动对文本内容进行语法、词汇、语用等层面的标注和解析,为学生阅读理解和语言分析提供帮助。这可以减轻教师的工作负担,提高教学效率。

5. 案例研习生成

基于真实或虚构的英语教学案例,文本生成工具可以自动扩展生成不

同情节走向和分支发展,为学生提供更多案例学习和头脑风暴的素材,激发探究和创新思维。

二、AIGC 文本在英语教学中的应用场景

1. 自动生成作文范文

教师可以根据作文题目和要求,使用 AIGC 生成高质量的范文,用于示范和讲解写作技巧。学生也可以借助工具快速生成初稿,供教师点评并进一步修改完善。

2. 虚拟翻译和口语练习

AIGC 可以模拟生成各种语境下的对话和口语表达,为学生提供虚拟的语言交际场景。学生可以与 AI 对话、即兴回应或尝试同传翻译,提高实战能力。

3. 个性化学习辅导系统

将 AIGC 与学习分析技术相结合,基于学生的知识掌握程度、学习偏好等信息,自动生成个性化的学习路径、课程内容和习题,构建智能辅导和答疑系统。

4. 智能文本分析与反馈

AIGC 可以对学生的英语写作、口语表达等内容进行自动分析和反馈,指出语法、词汇、语用等方面的问题,评估语言表现水平,为教师和学生节省大量时间。

5. 辅助开发智能英语学习 App

开发者可以将 AIGC 技术整合到英语学习 App 中,辅助构建个性化课程、模拟语音对话、自动改错评分等多项功能,为用户提供智能化、交互式的外语学习体验。

6. 自动生成听力材料

AIGC 可以基于文本生成逼真人声音频内容,教师可利用此功能快速定

制化生成英语听力材料,如新闻播报、对话场景、旁白解说等多种形式,拓展听力教学素材来源。

AIGC工具在英语教学中具有诸多潜在应用前景,可以促进创新性教学实践,提高教师教学效率,激发学生学习兴趣和主动性,满足个性化学习需求,为英语教学注入科技创新的活力。同时,AIGC在具体运用中也面临着版权、隐私、算法公正性等诸多挑战,需要教育者审慎权衡利弊、规范引导。

第三节 图像生成工具促进创新教学的策略及应用场景

一、图像生成工具在促进创新英语教学中的应用策略

1. 激发想象力和创新思维

图像生成工具可以根据文字描述自动生成逼真图像,为学生提供无限的创新可能。教师可以鼓励学生尝试用英语描述奇特的场景、人物、事件等,再利用工具生成相应图像,激发学生的想象力和创新思维,培养创新思维能力。

2. 直观表达和视觉呈现

图像是极为直观的表达方式,能帮助学生更好地理解抽象概念并培养视觉思维能力。教师可以让学生用英语描述所需表达的概念,经工具生成形象的视觉图像,有助于加深理解和记忆知识点。

3. 情景模拟和情境创设

通过生成特定场景的图像,学生可以模拟置身于相应语境,培养运用英语进行有效交际的能力。教师也可以为学生创设全新的虚拟情境,引导进行相关的英语表达和互动实践。

4. 提升写作动机和效率

图像往往能激发学生更多灵感和写作动机。教师可以先让学生基于给定图片生成一些文字描述,之后再利用工具扩展图像场景,促使学生不断发散思维,培养英语写作的想象力和持久性。

5. 个性化教学资源创建

通过结合文字和图像生成功能,教师可以量身定制多种英语教学资源,如课件视觉元素、知识点图解、实景对话情境等,为不同学习风格和需求的学生提供个性化的学习体验。

二、AIGC 在英语教学中的应用场景

1. 生成图文并茂教学素材

教师可以利用文生图工具生成丰富的英语教学素材,如基于文本内容自动生成相关图像以辅助知识理解,或根据图像生成相关英文描述以培养表达能力。

2. 创建情景对话和体验式教学

通过生成特定场景图像,并结合文本生成工具创作对话内容,可以构建身临其境的情景对话教学,让学生身临虚拟语境,提高语言运用的实战能力。

3. 图文创意写作训练

教师可以先让学生根据指定图像用英语描述所见所想,然后运用工具基于文字延伸生成新的相关图像,学生需要接着发挥想象力对新图像进行创意写作,如此往复,培养英语表达和创意写作能力。

4. 视觉主题研习和话题探索

基于视觉图像,学生可以开展主题研习和话题探索,如分析图像内涵并用英语表达自己的理解、提出相关问题并讨论等,是培养批判性思维和学术交流能力的有效途径。

5. 海报设计和视觉传达

学生可以运用图像生成工具制作活动海报、主题展板等,结合英语文案内容传达理念,锻炼视觉设计和英语传播表达能力。

6. 角色扮演和戏剧化教学

教师可以通过生成特定人物形象和场景,为戏剧化教学和角色扮演练习提供丰富的背景支持,让学生在身临其境的虚拟环境中进行英语对话和表演练习,增强语言运用自然度。

图像生成工具为英语教学带来了全新的机遇。通过直观生动的视觉展现,学生的学习动机和创意思维得以激发;通过虚拟场景模拟,实战语言运用的训练更加身临其境;通过个性化资源生成,教学方式更加多元化和个性化。同时,图像生成技术在版权、公正性、安全性等方面也面临诸多挑战,需要规范化的引导和审慎使用。只有教育者和学习者有意识地规避潜在风险,图像生成工具才能最大限度地发挥促进创新英语教学的作用。

第四节 音视频生成工具促进创新教学的策略及应用场景

一、音视频生成工具在促进创新英语教学中的应用策略

1. 构建沉浸式语言环境

音视频生成工具可以模拟生成逼真的语音对话、人物形象和真实场景,为学生营造身临其境的语言学习环境。这有助于提高语言的自然度和真实感,增强学生的语言沉浸体验。

2. 丰富多媒体教学资源

教师可以利用音视频生成工具制作多样的英语教学资源,如对话剧情、

说明视频、虚拟导览等,为课堂教学注入更多视听元素,提升教学内容的生动性和趣味性,激发学生的学习兴趣。

3. 支持实践性训练活动

通过生成虚拟场景和人物形象,音视频生成工具可以为学生提供多种英语实践性训练机会,如模拟面试、商务谈判、新闻播报等,锻炼他们的语言运用能力和实战经验。

4. 个性化语音反馈和点评

学生的作业或演讲可以通过音视频生成工具生成针对性的语音反馈和评论视频,教师反馈更加直观生动,学生也能借鉴虚拟示范提高语音表现力。

5. 开展多模态学习互动

结合文本、图像和音视频生成功能,教师可以开发出多模态的英语学习互动体验,如情境视频对话、图文讲解视频等,满足不同学习风格和能力层次的学习需求。

二、AIGC 音视频生成工具在英语教学中的应用场景

1. 生成听力理解材料

教师可以使用音频生成工具快速生成逼真的英语听力材料,如新闻广播、对话剧情、旁白解说等,拓宽听力训练资源,提高教学效率。还可根据难易程度定制生成不同水平的听力内容。

2. 情景对话角色扮演

利用音视频生成技术,可以模拟生成特定场景和人物形象,为英语情景对话和角色扮演练习创设生动环境,学生身临其境更易投入角色。教师也可将虚拟人物作为示范,进行教学示例。

3. 虚拟主播和直播教学

教师可以使用音视频生成工具制作虚拟主播形象,开展线上英语直播

授课。虚拟主播的高度可定制,避免网络直播中的环境和形象限制,还可结合文本生成实现无人值守的持续直播。

4. 在线口语测评系统

通过音频语音识别和合成技术,可以构建智能化的在线英语口语测评系统,为学生提供虚拟面试官进行即时口语测试和评分反馈,节省大量人力成本。

5. 外籍名师网课制作

借助音视频生成工具,可以模拟外籍英语名师形象和声音,录制高质量的网络课程视频,打造沉浸式的在线学习体验,解决优质师资短缺的难题。

6. 英语戏剧和电影制作

学生们可以利用音视频生成工具构思创作英语短剧或微电影作品,自行生成人物形象、语音配音、动作捕捉等元素,激发英语综合运用能力和创意表达力。

7. 多语种配音和字幕制作

音频和视频生成工具能够支持多种语种的声音模拟生成,生成声音可以应用于英语教材、影视作品等的多语种配音和字幕制作,为泛在式英语学习带来极大便利。

音视频生成工具赋予了英语教学全新的体验和维度。它们能够为学生营造身临其境的语言环境,支持多种实践训练活动,为教师提供个性化多元的教学资源制作手段。同时也面临着版权、伦理等诸多挑战,需要审慎使用、规范引导。只有教育者科学运用这些新技术,音视频生成工具才能最大限度地发挥促进创新英语教学的巨大潜力。

第五节　AIGC 工具与英语专业专创融合教育的关系

英语专业专创融合教育旨在培养具有国际视野、创新思维和实践能力的复合型英语人才。AIGC 工具正是助力实现这一目标的有力支撑。本节围绕 AIGC 工具如何体现并服务于英语专业专创融合教育,从促进创新教学的策略及应用场景两个方面进行阐述,力求引申出二者之间的内在联系。

一、促进创新教学的策略

1. 激发创新意识和创意思维

AIGC 工具可通过文本、图像、音视频生成功能,为学生提供无限创意可能。教师可鼓励学生尝试描述奇特场景、设计概念,并借助工具进行可视化呈现,激发创新意识和想象力。

2. 模拟语境锻炼实践能力

利用 AIGC 生成虚拟环境和人物形象,教师可为学生模拟生动的跨文化交际场景,如商务洽谈、新闻采访等,助力培养语言运用和实践能力。让学生身临其境地学习,提升创新实操经验。

3. 个性化促进复合能力培养

教师可基于 AIGC 量身定制个性化教学资源,因材施教,满足不同学习需求,全方位培养创新综合能力,包括表达、沟通、协作、决策等多项复合能力。

二、应用场景

1. 创新思维训练与创意写作

在英语写作课程中,教师可通过图文生成、场景拓展等方式,激发学生想象力,培养其跨文化视角和创新思维,提升创意写作动机和表达能力。

2. 情景模拟与角色扮演实践

构建基于AIGC的模拟商务谈判、新闻直播、跨文化交际等情景,让学生进行角色扮演和英语实战练习,提高沟通协作、危机应对等复合能力。

3. 个性化学习系统与智能评测

结合AIGC和学习分析技术,可为学生量身打造个性化学习路径、智能辅导系统、在线口语评测等,满足不同层次的学习需求,提升教学质量和学习效率。

4. 虚拟导师与在线课程资源

教师可基于AIGC制作外籍名师形象和网课视频,打造沉浸式学习体验;还可开展无人值守的持续直播授课,为学生提供优质的虚拟导师和丰富的在线课程资源。

5. 多语种应用与文化交流

AIGC的多语种生成能力,可供制作配音字幕、语音点评等内容,为学生提供跨语种跨文化的学习支持,拓展文化视野和交流渠道。

第三编

改革设计篇

第七章

英语专业专创融合课程改革设计
——以"跨文化交际"课程为例

2015年,国务院办公厅发布了《关于深化高等学校创新创业教育改革的实施意见》,强调各高校应根据人才培养定位和创新创业教育目标的要求,促进专业教育与创新创业教育有机融合(以下简称"专创融合");2019年,《教育部办公厅关于做好深化创新创业教育改革示范高校2019年度建设工作的通知》进一步要求各高校把工作重点放在建设"专创融合"的特色示范课程上,调整专业课程设置,挖掘和充实各类专业课程的创新创业教育资源,在传授专业知识的过程中加强创新创业教育。

"专",即专业教育、专业知识,在"跨文化交际"课程中具体体现为:以培养适应时代要求的创新型、应用型、复合型人才为主的课程教学目标,以跨文化交际基本原理、沟通策略及沟通技能实训为核心内容的课程教育,以案例教学为主的教学模式,课外沟通活动实训以及最终的跨文化学习实践。

"创",指创新思维和创业教育,其本质上是一种实用教育。专创融合的"跨文化交际"课程建设要求教师将创新创业理念融入上述专业教育的教学目标、核心的课程教育、课程的教学模式、教学方法以及相关课程实践等一系列教学环节中。

目前,国内高校"跨文化交际"课程教学多采用"知识讲授+课堂教学,让学生讲授案例等实践环节"的传统教学模式,这种教学模式虽然能在一定程度上避免重理论、轻实践,以教师讲授为主的弊端,但学生学习的积极性和主动性没能充分调动起来,很难培养学生的创新思维,导致学生无法应对复杂国际交流环境下的跨文化沟通问题。因此,将创新创业教育融入课程建设,是深化创新创业教育、提高英语专业课程教学质量、培养高素质创新型人才的有效措施。

第一节 专创思创融合的教学改革

一、改革的必要性

2015年,教育部提出,把创新创业教育贯穿人才培养全过程,明确了我们在创新创业教育中实现思创融合的出发点,就是培养什么样人、为谁培养人的问题,这是教育的根本问题和首要问题。深刻理解和把握思创融合的出发点,对于我们坚定创新创业教育的正确方向,校正存在的认识偏差,明确思创融合的发力点,具有十分重要的意义。

"课程思政"是当前我国外语教学面临的新型实践课题。外语课程思政需要精细的浸润式隐性教育,而不是粗放的漫灌式显性教育。如何在挖掘外语课程本身人文性的基础上,围绕"为谁培养人"这根主线创新外语课程思政,需要大量实践探索。对外"讲述中国故事"是大学生成才的新思路,是提升大学生思想觉悟和核心素养的重要路径,也是英语专业课程人文性的重要体现。用"外语讲述中国"指在跨文化或多文化场景下,大学生运用外语知识和交际策略,将与中国文化相关的信息、思想和情感态度,通过其他文化能够理解和接受的方式传递给世界。"外语讲述中国"过程既涉及外语知识技能学习和运用,又能驱动大学生主动关注、深入理解中国传统文化和中国国情,潜移默化地提升学生的文化自觉和思想道德素质。

《外国语言文学类教学质量国家标准》明确提出,英语专业培养的人才,首先应该"适应我国对外交流"的需要。英语专业学生虽然在外宣工作中具有语言优势,但是在对"中国故事"的储备、理解与运用上,英语专业学生却往往做得很不到位,难以达到中文、历史专业的学生对"中国故事"的熟悉与了解程度。出现这样的问题,一是由于长期以来,英语专业教育过于强调语言学科的工具性,而忽视了人文性;二是英语专业学生一直把学习语言、学习外国文学与文化作为中心任务来抓,而忽视了对母语文化的学习,出现了"中国文化失语"、对中国文化不自信的问题,导致在跨文化交流中迷失自我,盲目崇拜"他者"文化,不知道有哪些"中国故事"可讲,也不知道怎么讲才能让"中国故事"在异域文化上收获较好的传播效果。

二、改革的前景

传统的英语专业教学背景下,师生多注重听、说、读、写基本语言能力的培养,学生因为缺少跨文化交际的意识和能力,掌握基本技能后往往在实际运用中发现难以开展有效的沟通和联系,语言运用能力的实践多停留在浅层。因此,英语专业"专创+思创"融合课程的基础教育就是英语学科的基本技能,创新创业教育的焦点就是国家对于人才的需要,在当前阶段体现为服务国家"一带一路"倡议和人类命运共同体思想的伟大实践。通过融于跨文化交际相关知识和技能,在人类命运共同体和"一带一路"全球化的经济发展的背景下,学生可以学习语言进而了解国别差异和文化差异,进而提升跨文化交际意识和能力,最终实现增强"文化自信"的目标。

课程计划充分融入"一带一路"倡议背景下英语专业学生跨文化意识的培养,旨在加强高校英语教学融合国际视野与创新意识等教育元素,有效培养学生跨文化交际能力和人类命运共同体意识。课程在正确理解跨文化沟通能力的基础上实施创新的课程设置、课程内容、课程团队将改进教学方法,充分放大国际视野与创新意识对跨文化沟通能力的积极影响,以此促进英语教学与学生跨文化交际能力共同发展。

第二节 课改实施方案

一、具体研究内容及目标

(一) 专创融合教学设计思路

课程在"专创融合"的背景下,以目标化管理的手段,融合小组讨论、案例分析、探究学习、创业者分享等丰富的形式,帮助学生在论文撰写、科研项目、学科竞赛等成果上有所突破,锻炼了学生团队合作、沟通交流、独立思考等创新创业中所必需的意识及能力;以团队化作业的创新成果考核学生在本课程中的收获,团队成员分别承担课程项目的分模块作业,组长轮换制使得每个团队成员都有主导和展现自身能力的机会,通过考核的过程化评价和组内、组间交互评价,体现应用型人才培养特色。

本书根据"跨文化交际"的课程特点,立足"专创融合"教育的要求,并结合课程长期教学经验,进行了课程教学的改革,构建了基于专业技能教授、双创能力培养和理念方法塑造的"三位一体"课程体系,如图7-1所示,旨在提高学生在专业领域的创新创业能力。

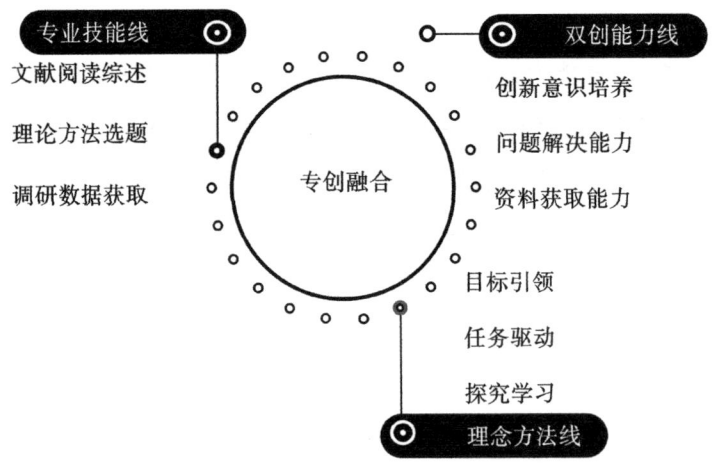

图7-1 基于"专创融合"的"三位一体"课程体系

基于"专创融合"的课程教学探索与实践,有如下形式。

1. 突出"专创融合"的教学内容

"跨文化交际"课程内容是根据科学研究自然过程中的任务和次序进行设计,考虑到企业管理领域的最新动态和趋势,并基于创新创业教育理念,推动了课程项目的孵化和落地,实现教学内容和人才目标相契合,重视对学生综合能力的培养和训练。因此,课程围绕跨文化理论阅读、中国故事选题、资料搜集、调查方法、数据分析、成果制作和发表等必经环节进行指导与训练,将教师团队的部分科研项目与课程教学相结合,并鼓励学生组队将课程项目进一步孵化为创新创业项目、学科竞赛、调查报告和论文的形式,通过课程参与和实践切身意识到创新的重要性。

2. 建构以赛促学、以赛促教的"教学+训练+比赛"融合式教学体系

建立内容涵盖"基础文化知识、写作与演讲能力、创新思维与手段、综合素质评价"等的多元化评价体系,可以优化考核模式。组成以校内专职教师为主体,英语竞赛组委会的融合性评价主体。课程教学可以采用竞赛激励机制,凡参加校级、市级、省级乃至全国性的和跨文化相关的英语竞赛的获奖选手均可按获奖等级逐级加分,计入平时成绩。该考核评价方式降低期末考试成绩比重,提高平时成绩占比,将形成性评价贯穿于学生的学习始终,既可以充分激发学生英语参赛和学习的积极性,又能培养具有创新意识的实用型人才,实现知识、能力、素质的相互统一。

在具体实践环节,以高校学生跨文化能力大赛为例,比赛是一个用英语开展跨文化对话、表达思想观点、进行思辨分析的平台,需要参赛选手既要理解和欣赏世界文化多样性,具有全球意识,更要对中国文化有深厚的知识积淀和文化自信,在此基础上,选手们只有凭借较高的跨文化敏感度、丰富的跨文化知识和较强的跨文化能力,才能在比赛中游刃有余地对多元文化语境中的跨文化现象进行解读和分析。教师可以指导学生小组进行资料查找和主题设计。之后进行理论学习、补充。学生进行框架设计和分头写作。这种师生合作和生生合作的模式能够引导学生关注时事热点中的跨文化现

象,同时兼具战略性、时事性。大赛对课程的助力体现在:①检验教学效果,积累实战经验;②提供教学辅助,丰富教学内容,如案例、视频、资料等;③促进教学相长,提升教学水准。课程对大赛的助力体现在:①奠定理论与方法的系统根基;②建立人才储备和培养的基地;③提供选拔与训练的依据。这种始于大赛,但不止于大赛的融合是教学体系的优势在于:①基于课堂,但不限于课堂;②促进第一课堂与第二课堂融合互动;③建立以赛促教、以赛促学良性机制和平台。

3. 建立"第一、第二、第三课堂"协同育人的人才培养体系

基于大赛与课程的融合和互补共进,积极开展第二课堂,将竞赛内容延伸并融入课外。拓展和延伸"赛教结合"的教学空间。教师除了将英语竞赛融入常规英语教学之外,还可以通过第二课堂的灵活形式开展教学,例如组建英语跨文化、演讲与辩论等社团,定期开展各类活动,给予学生面对面的指导,给学生创造机会将英语语言运用于实践和交流。比如,在培养学生语言综合应用,和在多元文化的情境中解决问题的思维探索和创新能力方面,可以借鉴跨文化交际能力大赛的内容和办赛宗旨,在校内举办跨文化交流沙龙活动,以辩论和研讨的形式为学生搭建英语学习、培养思辨能力的平台。此外,实践环节设置与第一课堂相配套,以专业性活动引导学生自我发展。第三课堂有暑期实践、实习实训、社会服务以及创新创业等,以创新创业活动为例,依据学科特点,可以组织学生(含留学生)参加互联网加竞赛青年红色筑梦之旅公益组赛道的比赛。在"三个课堂"联动的教学体系下,促使学生的理论知识、实践能力和综合素质得到全面提升,联动互补,为学生的成长成才开辟广阔的空间。

(二)思创融合教学设计思路

本研究将"外语讲述中国"作为"跨文化交际"课程中的思政元素,探讨培养外语技能与提升思想道德素质、文化意识有机融合的课程思政教学实践。以"讲述中国"为思政元素的外语课程思政实践是"一体化"思政育人体系的具体演绎,该设计的宗旨框架如图7-2所示。

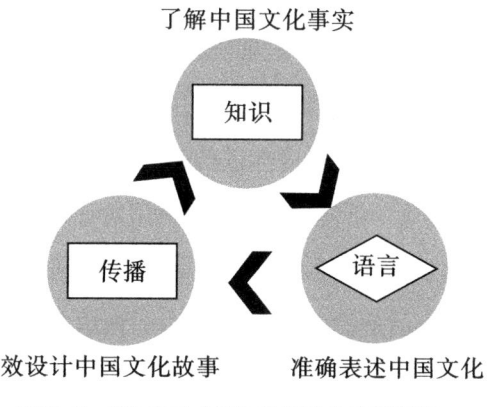

图 7-2 "思创融合"教学设计的宗旨框架

该设计的实践框架包括三个方面:情境教学"讲述中国"课堂活动;"跨文化案例小组"实践活动;专创与思创融合评价。如图 7-3 所示。

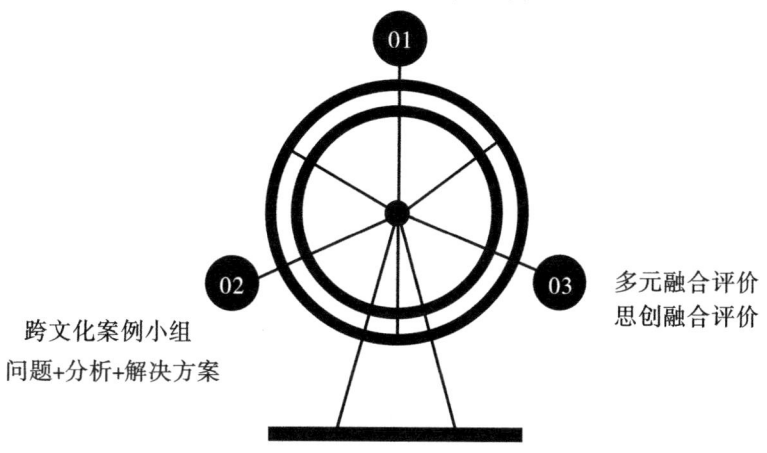

图 7-3 "思创融合"教学设计的实践框架

1. 情境教学"讲述中国"课堂活动

建构主义学习理论认为,知识的建构是通过人与环境的互动进行的。特别是在语言教学中,老师应该创造设计好语言情境,学生在仿真模拟的环境下运用语言。在课堂活动设计中,情境教学设计着眼于现实中能实际接触的文化交流场景,蕴含不同的跨文化知识点。主要的情境建构形式为:与本校留学生的文化交流场景(聚餐、购物等生活场景);参观城市和学校的历史博物馆;观看电影或视频节选;研读教材和课外材料中的案例情境等。在角色表演环节,学生可以在小组内部进行讨论和角色扮演,允许同学们加入自己的表演内容和形式。例如,可以灵活采用对话、访谈、记者招待会等形式,然后邀请不同组的学生上台演绎。在成果导向环节,每个小组集体完成"讲中国故事"视频作品的制作或集体展示。该成果作为课程考核的一部分,要求学生们分工合作,秉承以小见大的民间或公共外交的形式设计作品,融入个人的生活体验和观察视角,同时不能自说自话,要站在外国人的角度听和想,反向设计作品的叙事结构和语言。同时,不应局限于剧情、画面的完整性,要注重遵循"以情感人""从平凡中见伟大""从细节中见宏观"的原则来设计剧本。从思想性来讲,深度挖掘对"中国道路、中国精神、中国价值、中国话语"的表述,让国际社会对中国独特的历史传统、国情民风、价值观念等有深入的理解。

2. 跨文化案例小组实践活动

跨文化交际课程旨在通过对跨文化交际理论的学习和相关文化案例分析,帮助学生在甄别与比较"自我"文化与"他我"文化过程中,掌握跨文化交际基本技能,提升英语思辨能力,形成全球视野和跨文化思维,实现综合人文素养的全面提升,为讲好中国故事提供跨文化能力支持。

通过基于跨文化理论的案例开发可以充分体现当代大学生对世界文化多样性的理解和尊重、对中国文化的热爱与自信,展示了他们对跨文化问题进行分析和应对的能力。既关注衣食住行等日常表层文化,也触及文学艺术、阴阳、中医等精神和价值层面的文化内容,案例主题还可以聚焦新冠疫情防控中的歧视与合作问题。案例教学旨在呈现出一个个鲜活的跨文化交际现场,让学习者直观、真切地感受到跨文化交际的苦与乐。在分析案例时,也要求学生们抽丝剥茧,对案例体现的文化差异及中外各方的互动进行全面、细致地阐述,所运用的跨文化研究学科知识和理论除了广泛使用的

Edward T. Hall、Hofstede 提出的理论之外,还涉及冲突管理、跨文化适应、群际接触等相关理论,这种"在做中学"的融合知识与能力的学习方式能够更贴切地阐释案例中出现的误解和冲突问题。增强学生们的跨文化沟通能力。同时,案例分析活动可以形成性评价的方式考核。在对案例的修改和讨论中,教师应引导学生避免将"东/西"或"中/西"文化二元对立或将异文化简单化、单一化、肤浅化等问题。

3. 专创与思创融合评价

大学生面向国外受众原创性地"讲述中国"是外语教育中的新生事物,尚无成熟、有针对性的评价体系,评价标准需在与课内外实践的互动中不断完善。本课程改革拟实施的评价方式如表 7-1 所示。

表 7-1 "专创+思创融合"评价方式

出勤	每周考勤
学期表现	课堂讨论/小组活动
	阅读文献导读
	小组汇报(跨文化案例分析)
	个人呈现(讲述中国故事)
	个人反思周记(Journal)*中文
期末考试	跨文化案例分析+问答

(1)专创融合评价特点:成果导向的考核评价。课程突破了传统的期末闭卷考试形式,采用过程和结果相结合的多元化考核评价方式,包括教师评价、组内互评、组间评价多个评价主体。将校级大学生科研项目、省级大学生创新创业项目、教师科研项目、学生自主创业项目等作为课程团队项目的任务载体,每个模块化项目都由一位团队成员主导,定期进行组长轮换,教师从专业角度对项目的实施成效进行考核,小组成员对组内同学的参与度和贡献度进行互评,对其他的项目结果进行组间交互评价,在推行成果导向的考核评价的同时也兼顾到了过程性的数据。评价考核主要有三个层次的

标准:最基本的要求是学生阅读了足够的相关文献,并能对研究问题作合理阐述;较高层次的要求是掌握设计跨文化故事、产品的步骤及方法;更高层次的要求是学生能够针对现实问题和跨文化现象进行分析和研究,考核结果能够较好地反映学生的综合能力。

(2)思创融合评价特点:内嵌多元的考核评价。外语课程思政的有效性评价主要考量作品、品德素养、语言教学与思政元素的结合程度三个方面,具体体现为"讲述中国"作品的语言表述和跨文化策略使用、文化自觉和核心素养提升、语言知识技能目标与思政目标之间的关系。

具体来讲,对于知识层面的考核,"讲述中国"可以作为整个产出任务的一小部分,要求仅为表达、分享与中国相关的信息,锻炼学生关注中华文化,运用所学语言知识规范表达"中国故事"的基本能力。在语言使用上,要求学生不仅能够准确表述,而且能够使用符合英语表达习惯和有利于对方认知的方式,传递对方原本不熟悉甚至存在误解的"中国故事"。对于高阶能力考核,"讲述中国"可以作为整个产出任务。比如,在内容信息上,要求学生不仅了解"中国故事"是什么和怎么样,而且说明为什么。

第三节　改革特色

一、三种教育融合

贯彻落实习近平新时代教育工作新思想,贯彻落实本科教育工作会议精神和教育部振兴本科教育新举措,结合英语专业特色,从理论和实践两个方面进行研究和探索,改革课程内容,把思政教育、专业教育、创新创业教育融入人才培养全过程。

二、三种方法融合

树立以专业教育为基础的创新创业教育理念,围绕本专业发展趋势,渗透创新创业思想,挖掘和充实专业课程的创新创业教育资源。将学科技能竞赛项目、国家大学生创新创业训练计划项目、教师科研项目等融入课堂教学;将典型案例融入课堂教学;将模拟实践训练融入课堂教学,在传授专业知识过程中加强创新创业教育,培养学生创造性思维,激发创新创业灵感。

三、教学内容与资源融合

教学内容设计上包含学生创新创业精神培养、思维训练、技能提升等,将创新创业知识合理、有序地融入课程章节与知识点;积极发掘和充实各类专业课的创新创业教育资源,建设"专创融合""思创融合"案例库、文献资料库等教学素材,将专业知识传授与学生创新精神、创业意识和创新创业能力培养有机结合,培养学生的创新创业能力。

四、教学设计与方法融合

课程采用混合式教学法,灵活运用启发式、探究式、讨论式、案例式、项目驱动式等多样化教学模式;以学生为中心进行教学设计,注重案例分析教学,加强实践教学环节,培养学生在专业领域的创新精神和创业意识。

五、教学活动与评价融合

以"知识+能力+素质"为中心,建立多元化学习评价体系,过程性评价与终结性评价相结合的多元化考核评价模式,促进学生自主性学习、过程性学习和体验式学习;包括但不限于案例讨论、学生作品等,体现应用型人才培养特色。

第八章

英语专业专创融合课程改革设计
——以"理解当代中国"系列课程为例

党的二十大报告首次把教育、科技、人才进行"三位一体"统筹安排、一体部署,极具战略意义和深远影响。教育支撑人才,人才支撑创新,创新在我国现代化建设全局中居于核心地位。不仅关涉发展问题,更是生存问题。面对东西方博弈力度显著上升的"百年未有之大变局",高等教育人才培养是决定"国运"变化的"胜负手"。是为顶天。

教育目的在于兴邦,教育的生命则在于创新。2023年,教育部副部长吴岩在高等教育创新发展暨第三届大学校长论坛的讲话中提到:"要培养拔尖创新人才,要从小问题切入,也就是做好核心课程、核心教材、核心实践、核心团队等方面的创新。"

对于外语专业高等教育人才培养目标而言,"顶天"指具备国际视野,熟悉中国国情又能够参与国际对话与合作,掌握国际传播能力,成为能够胜任国内外跨文化交流事业的研究与实践的外语人才。"立地"则指植根中国本土,理解当代中国,能够运用外语知识维护国家利益,解决中国现实的社会文化问题,为中国当代社会经济建设做出贡献的实践人才。

聚焦到外语课程的人才培养的底层思路上,所谓顶"天",即要用最先进前沿的外语学科育人理论和方法,中国特色的文化和社会理论与习近平新时代中国特色社会主义思想拓展师生的视野和格局;所谓立"地",即让我们扎根于中国传统与当代文明、思想、文化的优秀成果,通过自身叙述,展示可信、可爱、可敬的中国和中国共产党形象。讲好中国故事。

为了推进习近平新时代中国特色社会主义思想"三进"工作的开展,

2022年8月,高等学校"理解当代中国"系列教材正式出版。该系列教材探索课程思政有效路径,帮助学生了解中国特色话语体系,用中国理论解读中国实践,提高向国际社会讲好中国故事的能力,为中国参与全球治理、推动文明互鉴、构建人类命运共同体贡献力量。本科阶段三本教材《英语读写教程》《英语演讲教程》《汉英翻译教程》均已经投入使用。

思政教育和创新变革是高等教育人才培养质量的保障和关键词。回应国家与世界发展提出的新局面和高挑战,外语教师责无旁贷,任重道远。

第一节 "三创"融通教改背景

教育的本质在于塑造人、培养人。而培养什么样的人,则需要顺应时代发展的需求,回应国家战略的召唤。当前,我国高等教育正处于转型发展的关键时期,如何深入推进"三创"(创新创业创造)教育,培养具有家国情怀、全球视野、创新精神和实践能力的高素质人才,已经成为摆在各高校面前的一道重大课题。

一、厘清"三创"内涵,把握教育新方向

要回答这个问题,首先有必要厘清"三创"教育的内涵和特征。"三创"教育并非单指创业教育,而是将创新教育、创业教育、创造教育有机融合、协同促进的教育理念和实践范式。其核心在于激发学生的创造潜能,培养学生敢于探索、勇于实践、善于创造的品质和能力。

这种"三创"教育理念,不仅适用于理工科专业,更应贯穿于人文社科等各学科专业的人才培养全过程。它代表了教育发展的新方向,是适应创新驱动发展战略、培养创新创业人才的必然要求。只有将"三创"教育融入专业教育,才能真正实现知识传授与能力培养的统一,才能培养出适应时代发展、引领行业进步的高素质人才。

二、顺应国家战略,推进专创深度融合

党和国家高度重视"三创"教育,将其作为教育改革和人才强国战略的重要内容。2019年,教育部办公厅发布《关于做好深化创新创业教育改革示范高校2019年度建设工作的通知》,明确要求各高校把工作重点放在建设"专创融合"特色示范课程上。

所谓"专创融合",就是要将创新创业教育与专业教育紧密结合,在传授专业知识的同时加强创新创业教育,实现专业能力与创新能力的协同培养。这就要求高校调整专业课程设置,深度挖掘各类专业课程的创新创业教育元素,将其充实到课程教学中,实现专业教育与创新创业教育的有机融合。

这种"专创融合"的教育模式,不仅能够提升学生的创新创业意识和能力,更有助于拓宽专业教育的内涵和外延。通过创新创业教育赋能专业教育,可以推动专业知识与前沿实践的对接,促进学科交叉融合,为专业发展注入新的活力。同时,专业教育为创新创业教育提供知识基础和实践场域,使创新创业教育更加扎实、更具专业特色。可以说,"专创融合"是实现人才培养与国家需求、专业发展与时代脉搏紧密对接的必由之路。

三、对接经济新动能,培养创新创业人才

2021年,国务院办公厅印发《关于进一步支持大学生创新创业的指导意见》,这是"十四五"时期指导高校创新创业教育的最新顶层设计文件。文件首次提出要建立以创新创业为导向的新型人才培养模式,这标志着"三创"教育已经上升为国家战略层面的人才培养目标。

这一战略部署,源于我国经济社会发展进入新阶段的客观需求。在"双循环"新发展格局下,创新创业已成为驱动经济高质量发展的新动能。这就需要教育适应经济社会发展需要,加快培养一大批勇于创新、敢于创业、善于创造的高素质人才。而"三创"教育正是培养这一类型人才的有效途径。

通过"三创"教育,可以让学生在校期间就接受系统的创新创业训练,提

升创新意识、创业能力和创造潜能。这不仅有助于培养学生的企业家精神和职业素养，为其将来成长为创新创业人才奠定基础，也为创新创业实践提供智力支持和人才储备，成为驱动经济发展的生力军。从这个意义上说，"三创"教育是教育服务经济社会发展大局的重要体现，也是高校落实立德树人根本任务的必然要求。

四、彰显时代价值导向，弘扬"企业家精神"

"三创"教育的重要性，还体现在国家领导人的最新讲话中。2023年6月，李强总理在第十四届夏季达沃斯论坛开幕式上发表致辞："这次年会以'企业家精神：世界经济驱动力'为主题，具有很强的现实针对性。虽然各国企业家精神的特质不尽相同，但有许多共通的内涵，我认为就是在创业创新创造上的敏锐眼光、不懈追求和非凡的行动力。"

这段话深刻阐明了"三创"教育的实质，那就是培养具有"企业家精神"的时代新人。这里需要强调的是，国家提倡的"以创新创业为导向"的人才培养宗旨，并非要求所有学生都去创办企业，也不是让每一个人都成为发明创造家。而是希望通过"三创"教育，让广大青年学生，尤其是大学生成长为具有家国情怀、创新意识和实践能力的时代新人。

这种"企业家精神"的核心要义，就在于具备"创业创新创造上的敏锐眼光、不懈追求和非凡的行动力"。这既是专业学科人才培养的目标，也是"三创"教育的内在要求，二者具有天然的一致性。从这个角度看，"三创"教育不仅是一种教育理念和人才培养模式，更代表着一种时代价值导向。它彰显了国家对创新发展的高度重视，对培养担当民族复兴大任的时代新人的殷切期望。作为教育工作者，我们必须深刻领会这一价值导向，将其贯穿于教育教学全过程，在潜移默化中引导学生树立远大理想、勇担时代重任。

五、契合立德树人初心，实现"三教"有机融合

"三创"教育理念对人的品性、价值观的塑造，与高校思政教育也有着内

在的契合。思政教育是立德树人的根本任务,旨在培养学生正确的世界观、人生观、价值观。而"三创"教育强调的创新精神、家国情怀、实践品格,正是当代大学生应具备的核心价值追求。

具体而言,"三创"教育注重培养学生的创新意识和创新能力,这有助于学生形成积极进取、敢于突破的精神,成为具有创新潜质的时代新人。同时,"三创"教育也强调培养学生的家国情怀和社会责任感,引导学生把个人理想与国家需要、民族复兴紧密结合,成长为有理想、有本领、有担当的社会主义建设者和接班人。此外,"三创"教育突出实践育人,注重培养学生解决实际问题的能力,这与思政教育培养学生"知行合一"的品格高度契合。

由此可见,专业教育、"三创"教育、思政教育这"三教"合一,本就是人才培养的内在要求。三者相辅相成、相得益彰,犹如春风化雨、盐溶于水,润物无声却助力学生的全面发展。这就要求我们在教育教学中,要树立"三教"融合理念,系统设计、整体推进,让"三创"教育与专业教学、思政教育有机结合,实现同向同行,形成育人合力。唯有如此,方能提升人才培养的针对性和实效性,真正实现"立德树人、全面发展"的教育初心。

六、加强统筹谋划,构建一体化育人体系

当前,"三创"教育虽然取得了积极进展,但在实施过程中仍存在一些问题和不足。比如,"三创"教育与专业教育的融合还不够紧密,与思政教育的协同有待加强;"三创"课程体系不够完善,教学内容和教学方式有待更新;师资队伍建设相对薄弱,"双创"导师匮乏;等等。这些问题制约了"三创"教育的深度和广度,影响了育人实效。

要破解这些难题,根本出路在于加强统筹谋划,构建"三创"教育与专业教育、思政教育深度融合的一体化育人体系。一方面,要完善"三创"教育课程体系,开发更多体现"专创融合"的特色课程,更新教学内容,创新教学方式,提高课程教学质量;另一方面,要加强"三创"教育与思政教育的协同,把

"三创"教育作为思政教育的重要载体,将社会主义核心价值观教育、爱国主义教育等有机融入"三创"教育全过程。

只有系统设计、整体推进、精准发力,才能不断提升"三创"教育的针对性、系统性和实效性,促进"三创"教育与专业教育、思政教育的深度融合,构建全员全过程全方位的一体化育人体系。这既是新时代高等教育改革发展的必然要求,也是教育系统贯彻落实党中央决策部署的政治责任。我们必须以只争朝夕的精神,以改革创新的勇气,加快推进"三创"融通,为加快建设教育强国、培养担当民族复兴大任的时代新人做出新的更大贡献!

第二节 思政引领的教改价值体现

高等教育的根本任务是立德树人,这就要求我们必须坚持以思想政治教育为引领,将价值塑造、知识传授和能力培养有机结合,实现全员全过程全方位育人。在这一背景下,"思政引领,三创融合"的教学改革理念应运而生。这一理念简称"思创融合",顾名思义即思想政治教育与创新创业教育的深度融合。

一、思创融合:超越简单叠加,实现创新发展

然而,这种融合绝非简单的拼凑和相加,既不是在创新创业课程中机械地讲授思想政治理论,也不是在思想政治理论课程中生硬地植入创新创业元素。真正的融合应该是一种化学反应,是一种创新发展。它要求我们从学生的专业特点和成长需求出发,有机融通思想政治教育与创新创业教育的内容和形式,形成课程体系、实践体系、保障体系"三位一体"的育人格局。

如何实现这种创新融合?根本在于引导学生"扎根中国大地了解国情民情,在创新创业中增长智慧才干,在艰苦奋斗中锤炼意志品质"。这就要

求我们在思想政治教育中,注重学生创新精神和实践能力的培养,引导学生把个人理想、家国情怀与创新创业实践紧密结合。同时,在创新创业教育中,要加强价值引领和精神塑造,帮助学生树立正确的创业观和职业观,成为德才兼备的创新创业人才。只有在价值引领与实践能力培养的互动中,思创融合才能真正落到实处,为学生的全面发展奠定基础。

二、问题与痛点:三教割裂,融合乏力

追求思创融合的教学理念,源于对当前高校人才培养实践中存在问题的深刻反思。当前,专业课教育、思想政治教育与创新创业教育"三张皮"现象仍较为普遍。表现为:三者在教育理念、教学内容、实施路径等方面各自为政,缺乏系统设计和协同推进,割裂现象突出。这导致了诸多弊端:一是专业教育与思政教育、创新创业教育脱节,育人合力不强;二是思政教育缺乏专业支撑和实践载体,创新创业教育缺乏价值引领,实效性不高;三是学生知行脱节,难以形成内化于心、外化于行的素质和能力。

究其原因,既有体制机制层面的障碍,也有教学实践层面的问题。一方面,高校专业教育、思政教育、创新创业教育分属不同部门管理,缺乏统筹协调和融合发展的机制平台,资源整合不足,职责边界模糊;另一方面,广大教师开展融合教学的意识和能力不强,缺乏系统的指导培训和实践锻炼,融合的内在动力不足。此外,专业课程思政建设存在"硬融入、表面化"倾向,实践教学则易流于"娱乐化、形式化",深层次的融合尚未实现。

这些问题和痛点,严重制约了高校人才培养质量和学生的全面发展。思政教育存在"空对空"现象,创新创业教育缺乏"根"和"魂",专业课教育则相对封闭和单一。可以说,打通三教壁垒、实现思创深度融合,已成为新时代高校教育改革的迫切需求和必然选择。

三、路径与方法:同心同向,互融互促

破解"三教分离"困境,实现思创深度融合,需要系统谋划、精准施策、协

同推进。这就要求我们遵循思想政治教育和创新创业教育的内在规律,把握三教融合的基本路径和方法。

一是促进三教同心同向,形成育人合力。思想政治教育、专业教育、创新创业教育虽各有侧重,但其根本目标是一致的,都是为党和国家培养德智体美劳全面发展的社会主义建设者和接班人。三教在价值塑造、知识传授、能力培养等方面高度契合,为融合发展提供了基础和前提。我们要以立德树人为统领,以学生全面发展为中心,科学设计三教融合的总体方案,厘清各自功能定位和育人目标,形成"一盘棋"思维和"一张网"格局,汇聚起培养时代新人的磅礴力量。

二是推进三教互融互促,实现优势互补。思想政治教育、专业教育、创新创业教育在育人过程中各有优势,可以实现互融互补、相得益彰。专业教育为思政教育和创新创业教育提供知识基础和实践场景,有助于增强思政教育和创新创业教育的针对性和实效性;思政教育为专业教育和创新创业教育提供价值引领和精神滋养,有助于厚植专业教育和创新创业教育的时代内涵和育人底色;创新创业教育为专业教育和思政教育提供能力训练和实践平台,有助于拓展专业教育和思政教育的时代性和生命力。我们要立足"课程思政"这一主渠道,发挥思政课程的主导作用,深入挖掘各类专业课程和创新创业课程的思政元素,实现思政教育与知识教育的同向同行。同时,要拓展第二课堂和社会实践育人途径,搭建创新创业实践平台,为思政教育和专业教育提供生动鲜活的实践土壤。唯其如此,方能在三教互融中实现立德树人的最大化。

当然,推进思创融合绝非一蹴而就,还需在体制机制、队伍建设、教学改革等方面加强发展。比如,要建立健全三教协同的组织领导和工作机制,破除条块分割、部门壁垒,形成责权明晰、分工合作的大思政工作格局。要加强思创融合师资队伍建设,提升教师的思政意识和创新创业教育能力,激发教师投身融合教学改革的内生动力。要深化教学内容和方法创新,紧密对接学生需求和社会需要,不断增强思创融合的吸引力和感染力。

第三节　改革意义

随着新时代中国特色社会主义事业的纵深推进,高等教育肩负着培养德智体美劳全面发展的社会主义建设者和接班人的重大使命。在这一背景下,如何深入贯彻习近平新时代中国特色社会主义思想和党的教育方针,将立德树人融入思想道德教育、文化知识教育、社会实践教育各环节,实现全员全程全方位育人,已成为摆在广大教育工作者面前的一道时代命题。本书基于"思政引领,三创融合"的理念,以创新、创业、创造(简称"三创")的视角审视英语专业教学,力图在深化创新创业教育改革中彰显思想政治教育的时代价值,为培养担当民族复兴大任的时代新人提供路径范式。

一、坚持问题导向,把握改革主线

改革的切入点和落脚点,在于准确把握英语专业学生成长发展的现实需求和培养目标,有的放矢地补齐人才培养的突出短板。当前,英语专业学生普遍存在对中国国情文化感知不足,缺乏对中国发展道路、发展理念的深刻认识,创新创业意识和能力薄弱,难以适应国际传播的能力要求等问题。这些问题制约了学生的全面发展和成长为时代新人。究其根源,既有英语专业教学内容存在碎片化、表象化倾向,缺乏系统性、思想性的问题,也有专业教育与思政教育"两张皮"、创新创业教育相对孤立、实践训练不足等弊端。

鉴于此,本教改项目将聚焦"三创"融合这一主线,通过思政引领下的专业教学改革,系统完善英语专业"三创"教育体系。具体而言,就是要以习近平新时代中国特色社会主义思想为指导,以提升学生家国情怀、扎根中国大地为主旨,以"三创"能力的培养为重点,以国际传播能力的塑造为方向,推动思想政治教育、专业知识教育、实践能力培养的有机融合,全面提升英语专业人才培养质量,为学生成长为有理想、有本领、有担当的时代新人夯实基础。

二、发挥学科优势,深化"三创"内涵

英语学科以语言学习和人文交流为主要特色,既注重学生语言知识和技能的训练,也注重跨文化交际能力和国际视野的培养。这为将"三创"教育有机融入专业教学、深化"三创"教育的内涵提供了得天独厚的优势。一方面,英语专业以语言能力培养为核心,注重在"读、写、译、讲"等语言训练中提升学生的思辨能力和创新素养,这与创新精神的培育高度契合。另一方面,英语专业以跨文化交流为重要内容,注重拓展学生的全球视野和家国情怀,这为厚植创业创造的文化土壤提供了广阔空间。

基于英语学科特色,本书从以下几个方面深化"三创"教育内涵:

一是创新教学内容,注重中国元素的挖掘和融入。以"理解当代中国"系列教材为依托,创新英语专业教学内容,引导学生深入学习领会习近平新时代中国特色社会主义思想的丰富内涵,全面了解社会主义核心价值观、中华优秀传统文化、革命文化、社会主义先进文化,深刻认识党领导人民进行伟大斗争、建设伟大工程、推进伟大事业、实现伟大梦想的光辉历程和历史性成就。通过解读世情、国情、党情、社情、民情,拓宽学生的知识视野,夯实"三创"的家国情怀基础。

二是创新教学方法,注重理论与实践的结合。坚持将马克思主义中国化最新理论成果贯穿教学全过程,运用生动鲜活的案例,讲好中国共产党在革命、建设、改革各个历史时期领导中国人民进行伟大社会革命的故事,引导学生在理论与实践的结合中领悟"三创"的真谛。同时,积极开展第二课堂和课外实践活动,搭建校内外创新创业实践平台,组织英语演讲、辩论、翻译等实践训练,在创新创业项目中锻炼学生的实践能力,提升"三创"素养。

三是创新价值引领,注重"三创"价值观的塑造。充分发挥思政课程的主渠道作用,将社会主义核心价值观教育融入英语专业教学全过程,引导学

生树立正确的创新创业观和职业观。同时,深度挖掘专业课程的"三创"教育元素,加强分类指导,因材施教,帮助学生确立"三创"的人生追求和价值取向。在价值塑造与能力培养的良性互动中,促进学生"三创"素养的内化于心、外化于行。

三、彰显时代特色,培育国际传播能力

当前,随着我国综合国力和国际影响力日益提升,讲好中国故事、传播好中国声音,展示真实、立体、全面的中国,已成为英语专业教育的时代使命。尤其是在"一带一路"倡议的大背景下,培养具有全球视野、熟悉国际规则、能够参与国际事务和国际竞争的英语专业人才,对服务国家总体外交和提升国家文化软实力具有重要意义。本书将"一带一路"倡议下英语专业学生国际传播能力的培养作为重要着力点,旨在加强英语教学对国际视野、跨文化意识、创新精神等要素的融合,全面提升学生的国际传播能力。

为此,本书将从教学内容、教学方法、实践训练等方面系统设计,形成一套行之有效的国际传播能力培养模式。在教学内容上,深度挖掘体现中华文化精髓和中国发展成就的经典篇目,精心筛选,科学编排,形成具有时代特色和国际视野的教材体系,为学生跨文化传播奠定坚实的知识基础。在教学方法上,综合运用任务驱动、项目学习、案例分析等多种方式,引导学生在具体语境中感悟中华文化的独特魅力,在解决问题中提升国际交流能力,实现知识传授与能力培养的同频共振。在实践训练上,充分利用现代信息技术手段,搭建融合线上线下、课内课外的实践育人平台,开展英语演讲、辩论、模拟外交等实战演练,锻造学生的跨文化传播能力。与此同时,积极拓展国际交流渠道,通过与海外高校合作交流、参与国际组织实习等形式,让学生在多元文化碰撞中开阔视野、磨砺意志、提升才干,成长为新时代国际传播的生力军。

四、深化育人成效,助力时代新人成长

本书选取英语专业二、三年级学生为教学对象,涉及"习近平谈治国理

政经典选读""英语演讲与辩论""英汉翻译"等课程,致力于在"读、写、译、讲"四维语言能力训练中,积极回应英语专业学生在对中国国情文化感知不足、国际传播实践能力薄弱等方面的突出短板,为其成长成才提供助力。通过"思政引领、三创融合"教学改革的系统实施,必将实现以下育人成效:

一是坚定学生理想信念。引导学生深入学习领会习近平新时代中国特色社会主义思想,坚定对马克思主义的信仰、对中国特色社会主义的信念,砥砺听党话、跟党走的政治品格,争做社会主义核心价值观的坚定信仰者、积极传播者、模范践行者。

二是厚植学生家国情怀。引导学生深刻认识中国共产党的初心使命和光辉历程,深刻认识党和国家事业取得的历史性成就、发生的历史性变革,增强"四个意识"、坚定"四个自信"、做到"两个维护",自觉把个人成长与国家发展、民族复兴相统一。

三是增强学生创新能力。在专业学习中融入创新创业创造教育,开展形式多样的创新创业实践,提升学生发现问题、分析问题、解决问题的能力,引导学生勇于创新、敢于创造,培育创新思维和创业精神。

四是提升学生国际视野。通过学习中外优秀文化,了解人类文明发展史,认识中华文明在世界文明体系中的地位和作用,培养学生的全球视野和跨文化意识,增强人类命运共同体意识,成为具有家国情怀和全球视野的国际传播人才。

五是锻造学生意志品质。引导学生发扬艰苦奋斗精神,在攻坚克难中锤炼意志、坚定信念,培养吃苦耐劳、自强不息的品格,成为新时代担当民族复兴大任的时代新人。

本项目的实施,将进一步推动思想政治教育与英语专业教育的深度融合,探索"三创"教育的新路径、新模式,为英语专业学生成长为德智体美劳全面发展的社会主义建设者和接班人提供坚实保障。这对于落实立德树人根本任务,培养担当民族复兴大任的时代新人,具有重要的理论意义和实践价值。

第四节 改革实施方案

一、具体研究内容及目标

在具体的实施过程中,本项目将根据专业教学中的实际情况,探索一系列切实可行的教学方案。本系列课程改革基于负责人主持的教育部产学研协同育人项目和同主题渤海大学教改项目"创新创意讲好中国故事成果导向(OBE)驱动下的《跨文化交际》专创+思创融合课程设计及实践研究"的前期研究成果。通过16个月的调研探索形成"思政引领、三创融合"的三层次教学法,架构如表8-1所示。

表8-1 "思创引领、三创融合"的三层次教学法

融合层次	"思""创"教育的主要内容		"思政引领、三创融合"育人目标
三层次	"理解当代中国"课程内容	创新创业创造教育	提升三创思维和能力
知识传授	全过程人民民主、依法治国、生态文明、青年发展、高质量发展、共同繁荣、改革开放等	政治经济环境、社会文化环境、产业行业发展、行业技术知识、商业知识等	解读国情民情、经济发展规律、行业发展前沿,帮助学生丰富知识体系、扩大知识范围、深入了解专业
能力提升	辩证思维、创新思维、分析解决问题能力、实践能力等	机会识别能力、资源整合能力、创造能力、领导力等	融入马克思主义的立场和观点等,在实践中锻炼应用辩证思维、系统思维、创新思维等,提高学生创造性解决问题的能力

续表8-1

融合层次	"思""创"教育的主要内容		"思政引领、三创融合"育人目标
价值塑造	远大理想、家国情怀、吃苦耐劳、艰苦奋斗、奉献精神、服务意识	追求卓越、社会责任、开拓进取、永不放弃、利他主义、用户导向	内化创业者精神,鼓励在学习和艰苦实践中不断磨炼,形成学生长期稳定优秀的内在特质,形成有利于社会、国家、民族的价值观、创业观

如表8-1可见,"理解当代中国"课程内容与"三创"教育内容在知识传授、能力提升、价值塑造三个层次进行了融合点的梳理和匹配。之后在这三个层次上进一步融合,形成"思政引领、三创融合"的育人目标。这个思路完整地展示本教改项目的构建来路。下文是本项目在"知识传授、能力提升、价值塑造"三个层面的融合设计。

(一)知识传授层面的融合设计(表8-2)

表8-2 知识传授层面的融合设计

三创层次	对应课程章节主题	创新创业创造教学设计	"思政引领、三创融合"教学重点
创新篇	全过程人民民主 依法治国 青年发展 人类命运共同体 中国梦 生态文明建设	理论创新 实践创新 制度创新 文化创新 思想创新	1. 了解党在世界大变局中发挥的重要作用 课程思政设计:帮助学生树立在变革中敢于迎接挑战,有担当,尽职责的意识

续表8-2

三创层次	对应课程章节主题	创新创业创造教学设计	"思政引领、三创融合"教学重点
创业篇	经济高质量发展 改革开放 从扶贫到共同富裕 "一带一路"倡议	机会识别 资源整合 领导力 团队建设 商业模式 治理效能创新	2.了解中国共产党识别历史机会、抓住历史机会的智慧和果敢 课程思政设计:引导学生从党史的角度领会创业的"机会"要素,提升机会识别的能力 3.学习中国共产党社会整合机制 课程思政设计:指导学生以全局观对资源进行把控 4.学习党在团队建设方面的关键措施 课程思政设计:指导学生领会党在团队管理方面的一些智慧,引导学生将这些管理技巧运用于创业实践
创造篇	社会主义核心价值观 文化自信 人类命运共同体	1.创造力培养 从站起来到富起来的创造成果 2.新时代从富起来到强起来的创造成果	梳理党的创造力来源、内涵、外延。 课程思政设计:引导学生培养自身的创造能力 全面梳理党从建立之初到社会主义建设时期的创造成果 课程思政设计:指导学生将创造技法运用于实践 3.党在社会主义发展新时代的创造成果 课程思政设计:引导学生树立民族自信心和自豪感,充分发挥自身创造力,投身到伟大的社会主义建设中去

从知识层面进行的融合设计补足并匹配了英语专业师生对中国社会发展议题进行学习与解读的能力。扫清了知识内容层面的障碍，有助于学生正确理解当代中国，讲好中国故事能力的养成。

(二)能力提升层面的融合设计：三线混合助力三创融合

"理解当代中国"三门课程分别致力于培养英语专业人才"读写译讲"的四维语言技能，在此基础上，课程的授课顺序也由浅入深，按照逻辑清晰的次序进行安排。考虑到外语学科领域的最新动态和趋势，三门系列课程的"打包式"培养重视对学生思维综合能力的培养和训练，有助于实现教学内容和人才目标相契合。

在能力培养的具体实施路径上，课程以成果为导向，分别从理念方法线、三创融合线、专业技能线入手，采取目标化管理的手段，融合小组讨论、案例分析、探究学习、创业者分享等丰富的形式，帮助学生在论文撰写、科研项目、学科竞赛等成果上有所突破，锻炼了学生团队合作、沟通交流、独立思考等创新创业中所必备的意识及能力；以团队化作业的创新成果考核学生在本课程中的收获，团队成员分别承担课程项目的分模块作业，组长轮换制使得每个团队成员都有主导和展现自身能力的机会，通过考核的过程化评价和组内、组间交互评价，体现融合式人才培养特色。

此外，课程围绕跨文化理论阅读、中国故事选题、资料搜集、调查方法、数据分析、成果制作和发表等必经环节进行指导与训练，将教师团队的部分科研项目与课程教学相结合，并鼓励学生组队将课程项目进一步孵化为创新创业项目、学科竞赛、调查报告和论文的形式，通过课程参与和实践切身意识到创新的重要性。

(三)价值塑造层面的融合设计："大思政"全方位育人

课程是人才培养的最小单元，课程设置要遵从专业人才培养的内在逻辑。专业是人才培养的基本单元，要从专业入手谈课程。理清了这个逻辑，我们对专创融合课程的价值塑造功能就更加清晰：从小处(课程)入手，向大处着眼(专业建设+人才培养)。

"理解当代中国"系列教材的思政育人理念贯穿教材始终。作为教师,实施专创融合教改的目的和其他任何形式的教改项目一样,应该致力于架设桥梁、厘清通路。从小向大,使系列课程的教学服务涵盖专业建设各环节全过程,并为专业人才的培养特色和学科专业特色的打造提供支持。这种大思政全方位育人可以更有效地实现从价值层面进行融合设计。具体路径如下。

1. 建构以赛促学、以赛促教的"教学+训练+比赛"融合式教学体系

在架构环节,课堂学习与比赛训练相得益彰。前者为后者蓄力,后者为前者搭台。这种体系的评价组成以校内专职教师为主体,英语竞赛组委会的赛事融合性评价为支撑。课程教学可以采用竞赛激励机制,凡参加"理解当代中国"大学生外语能力大赛中英语阅读、写作、演讲、笔译、口译各赛道的获奖选手均可按获奖等级逐级加分,计入平时成绩。该考核评价方式降低期末考试成绩比重,提高平时成绩占比,将形成性评价贯穿于学生的学习始终,既可以充分激发学生英语参赛和学习的积极性,又能培养具有创新意识的实用型人才,实现知识、能力、素质的相互统一。

在具体实践环节,以"理解当代中国"大学生外语能力大赛为例,参赛选手既要理解和欣赏世界文化多样性,具有全球意识,更要对中国文化有深厚的知识积淀和文化自信,在比赛中游刃有余地对多元文化语境中的中国现象进行解读和分析。

大赛对课程的助力体现在:①检验教学效果,积累实战经验;②提供教学辅助,丰富教学内容(案例、视频、资料、方法、经验等);③促进教学相长,提升教学水准。课程对大赛的助力体现在:①奠定理论与方法的系统根基;②建立人才储备和培养的基地;③提供选拔与训练的依据。

这种始于大赛,但不止于大赛的融合是教学体系的优势在于:基于课堂,但不限于课堂;促进第一课堂与第二课堂融合互动;多向度和全角度实现追求卓越、领导力等三创价值观念的塑造。

2. 建立"第一、第二、第三课堂"协同育人的人才培养体系

基于大赛与课程的融合和互补共进,积极开展第二课堂,将竞赛内容延伸融入课外。拓展和延伸"赛教结合"的教学空间。教师除了将英语竞赛融入常规英语教学之外,还可以通过第二课堂的灵活形式开展教学,例如组建英语跨文化、演讲与辩论等社团,定期开展各类活动,给予学生面对面的指导,给学生创造机会将英语语言运用于实践和交流。比如,在培养学生语言综合应用和在多元文化的情境中解决问题的思维探索和创新能力方面,可以借鉴跨文化交际能力大赛的内容和办赛宗旨,在校内举办跨文化交流沙龙活动,以辩论和研讨的形式为学生搭建英语学习、培养思辨能力的平台。此外,实践环节设置与第一课堂相配套,以专业性活动引导学生自我发展。第三课堂有暑期实践、实习实训、社会服务以及创新创业等。以创新创业活动为例,依据学科特点,可以组织学生参加"互联网+"竞赛青年红色筑梦之旅公益组赛道的比赛。"三个课堂"联动的教学体系促使学生的理论知识、实践能力得到全面提升,联动互补,为学生的价值观塑造和成长成才开辟广阔的空间。

第五节 "专创引领、三创融合"教学设计案例

本节以"理解当代中国——英语演讲"课程为例,细化阐述教改案例的思路。

基于图8-1所示的整体逻辑路径,教改项目进一步明确格式和任务,形成了"专创引引领、三创融合"教学设计十步法(图8-2)。

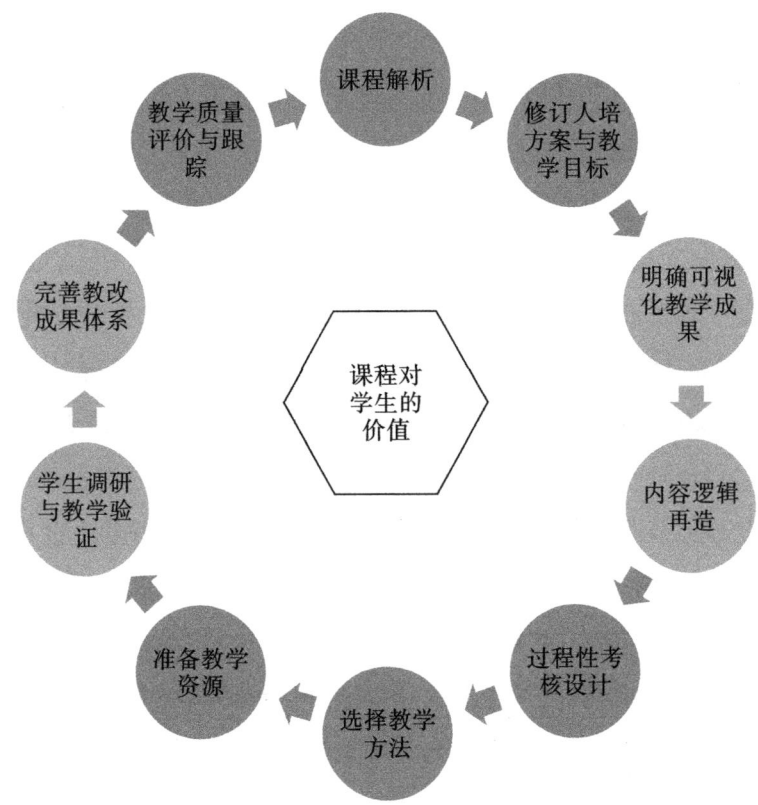

图 8-1　"专创引领、三创融合"教学设计的整体逻辑路径

"专创引领、三创融合"教学设计十步法完整涵盖了专创融合课改的全过程，分为目标、过程、结果三部分。三个部分互相征引、互相支持。

首先是目标部分，其中课程解析与定位、教学成果、可视化成果三个部分的建设有助于目标的达成，制定更为清晰的产出导向型的教学目标。其次是过程部分，在这个过程中，教师梳理教学逻辑、重构教学内容、优化丰富教学方法，不断充实、调整、明确教学的实施过程。最后，课改的过程实践指向第三部分：结果部分。该部分包括课程考核、课程拓展，特别是有关的教学服务。

十个教学步骤的设计由目标到过程再到结果，再用结果去支撑和诠释目标，为目标的进一步优化提供了改革的素材。至此，"专创引领、三创融合"教学设计十步法实现了一致性建构，具有全链条闭环设计的特点，可以为课程改革提供指南和引导。

第八章 英语专业专创融合课程改革设计——以"理解当代中国"系列课程为例

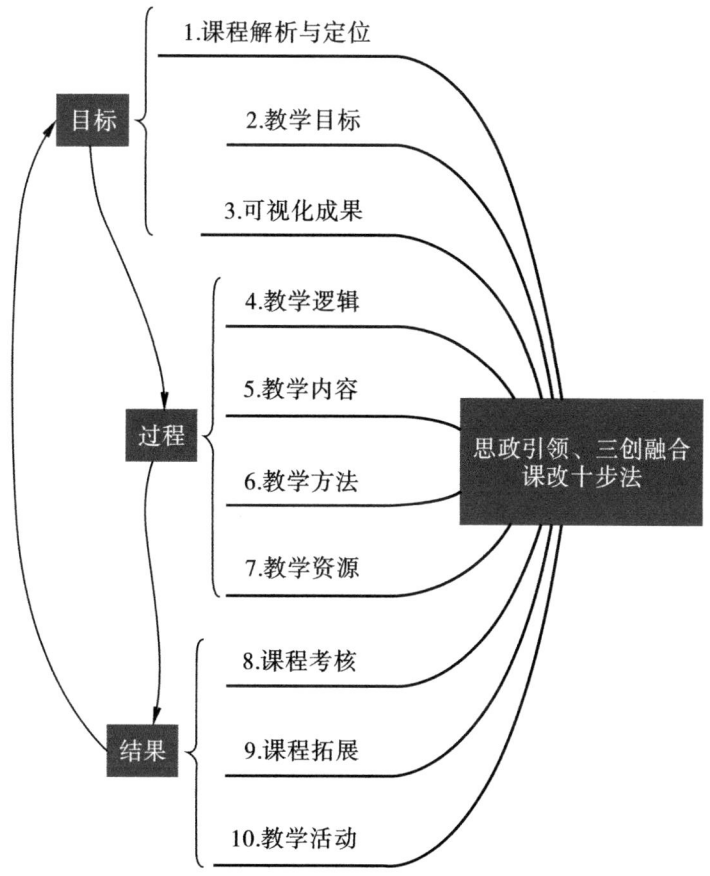

图8-2 "专创引领、三创融合"教学设计十步法

（一）步骤一：课程解析与定位

"理解当代中国——英语演讲"是英语专业二年级学生的专业核心必修课，重点培养学生的批判性思维、抽象思维、组织协调能力、目标规划能力、沟通能力等创新创业创造能力。通过英语演讲的学习，提高学生对当代中国发展的认识和理解。该课程应与英语专业的语言技能训练课程和创新创业创造思维能力有机结合，将英语演讲技巧训练融入对当代中国社会发展主题的研究分析，实现思政引领与内容学习的统一。通过英语演讲实践，检验学生对当代中国发展的理解程度，提升其国际视野、跨文化交流能力和国际传播能力。

(二)步骤二:教学目标(图8-3)

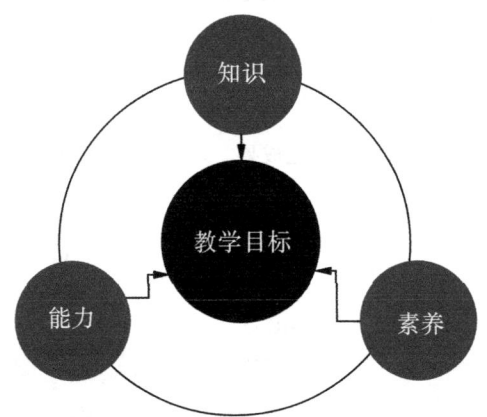

图8-3 "专创引领、三创融合"教学目标

1. 知识目标

掌握当代中国经济、政治、文化、科技等领域的发展概况;了解中国特色社会主义的基本原则与发展道路;掌握演讲的基本原则和英语演讲的相关技巧。

2. 能力目标

能够运用逻辑清晰的英语进行有关当代中国发展的演讲;能够收集、筛选相关资料,提炼演讲主题和内容;能够根据目标听众调整演讲策略,进行高质量的英语演讲。

3. 素养目标

培养学生的国际视野和跨文化交流的能力;增强学生的民族认同感和文化自信;培养学生的创新思维和批判思维能力。

(三)步骤三:可视化成果

课程的可视化成果建设宗旨在于合理设计成果导向驱动,再根据目标设计各种活动,促进学生在学习过程中,进行知识与技能的自我转化,促进学科能力素养的提升。常见的可视化成果如下:

1. 演讲视频集

记录学生英语演讲的视频,可以直接观察学生的英语演讲能力。

2. 演讲稿集

整合学生英语演讲的文字稿,检查学生对演讲主题的理解和演讲文稿的规范性。

3. 演讲主题思维导图

学生用思维导图组织演讲主题内容,可以查看学生的逻辑思维能力。

4. 课程参考文献目录

汇总学生收集的演讲参考文献,可以了解学生文献检索与利用能力。

5. 演讲反思日志

学生撰写演讲过程的反思日志,可以了解学生的演讲经历及收获。

在可视化成果孵化过程中,可以采取历时性、师生共建、小组共建等形式,具体可以运用人工智能、电子档案袋等手段开展。实施过程如图8-4。

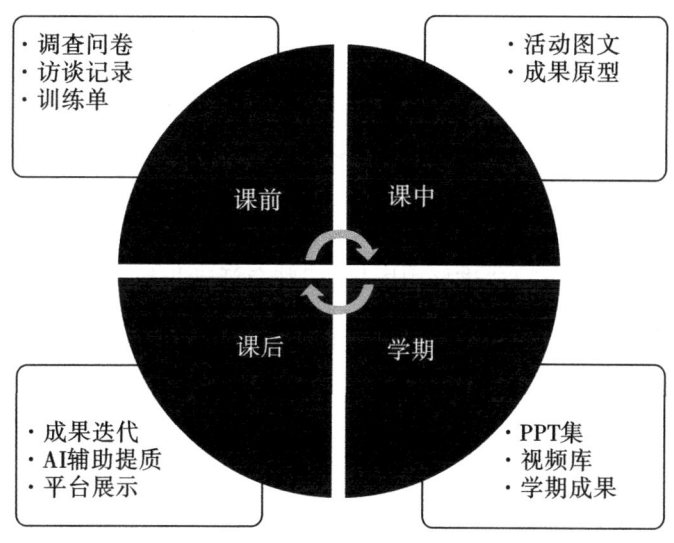

图8-4 "专创引领、三创融合"可视化成果孵化过程

(四) 步骤四:教学逻辑(图8-5)

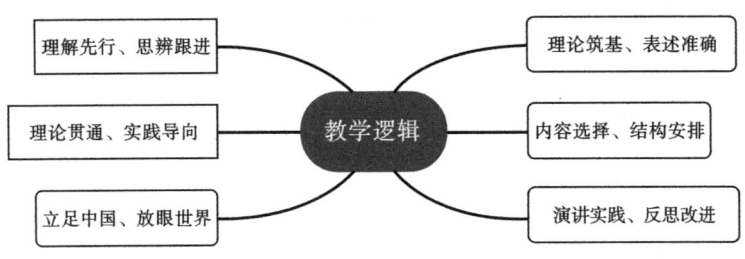

图8-5 "专创引领、三创融合"教学逻辑

从宏观的教学设计的逻辑上看,分为以下三个进程。

1. 理解先行,思辨跟进

引导学生细读习近平新时代中国特色社会主义思想重要选篇,在全面、准确理解原文思想内涵的基础上,进行应用、分析、评价和创造等高阶思维活动。

2. 理论贯通,实践导向

引导学生通过课文学习和延伸阅读,把握习近平新时代中国特色社会主义思想的核心要义和内在逻辑,并运用该理论体系解释中国实践,加深对中国理论和中国实践的认识,培养理论思维和分析问题、解决问题的能力。

3. 立足中国,放眼世界

通过"全球视角"与"讲好中国故事"特色活动板块,引导学生关注国际社会对中国理论与中国实践的理解与误解,培养学生的跨文化思辨意识,提高用英语讲好中国故事的能力。

在具体的操作层面,本课程的教学可以分为三个阶段,先学习演讲理论知识,然后进行例题分析,最后是演讲实践。第一阶段学习演讲的定义、类型、准备和技巧等基础知识。第二阶段学习优秀演讲的案例,分析其内容选择和结构安排。第三阶段学生选择当代中国社会发展的题目进行演讲实践,记录视频和演讲稿,学习评价他人的演讲并进行反思改进。这样从理论到实践的教学逻辑,可以提高学生的演讲能力。

(五)步骤五:教学内容

从教材内容主体看,《理解当代中国——英语演讲》教程全书共 10 个单元。各单元主课文选自《习近平谈治国理政》第一卷、第二卷、第三卷,包括 10 个主题:中国梦、社会主义核心价值观、文化自信、从扶贫到共同富裕、全面深化改革、生态文明建设、经济高质量发展、依法治国、"一带一路"倡议和人类命运共同体。通过对教材 Section A 和 Section B 课文内容的语料分析,整理出的词云图如图 8-6,在教学过程中,对关键概念的理解是"理解当代中国"的重中之重,教学内容会经过教师的二次开发促进学生的有效理解。

图 8-6 "专创引领、三创融合"主要教学内容词云

从演讲知识技能的训练内容看,教学内容包括演讲的类型如说明性演讲、劝说性演讲等;演讲的基本原则如清晰逻辑、结构完整等;演讲准备如选题和资料收集、文稿撰写、练习等;演讲技巧如眼神接触、语速语调控制等;还会选择一些优秀的英语演讲视频进行鉴赏分析。当代中国发展的主题涵盖经济发展、对外开放、科技进步、民生改善等内容。

(六)步骤六:教学方法(图8-7)

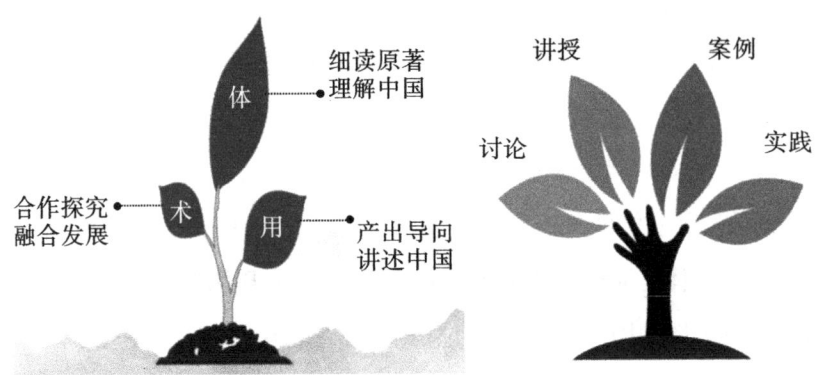

图8-7 "专创引领、三创融合"教学方法

从宏观的教学方法的思路构建上看,共有三种方法,分别是:

1. 细读原著、理解中国

引导学生通过深入阅读习近平新时代中国特色社会主义思想重要方面的关键选篇,掌握其基本观点和内在逻辑,理解中国理论与中国实践。倡导语言与内容融合发展的教学理念,通过课堂热身活动提供丰富的案例、数据与形式多样的教学活动,加深学生对中国理论和中国实践的理解和认识。

2. 产出导向、讲述中国

以任务为导向,通过主题内容学习和演讲技能训练,搭建"脚手架"帮助学生完成具有挑战性的口头产出任务。注重培养学生的跨文化思辨意识,提高用英语讲好中国故事的能力。

3. 合作探究、融合发展

贯彻"学习中心"的教学理念,注重指导学生在课前检索相关文献,查找中国治理实例,理解和阐释课文内容。通过多样化的课内课外、线上线下小组学习活动,引导学生在研讨与合作探究中提升英语表达与沟通能力,促进演讲能力、思辨能力、研究能力和创新能力的融合发展。

从具体的操作层面看,教学方法主要包括讲授法讲解演讲知识,案例法分析演讲示例,讨论法讨论演讲评价和反思,实践法进行演讲训练。同时组织学生互评学习,开展课堂讨论交流,并提供个性化的改进建议。此外,线上教学平台、演讲视频等现代信息技术也会作为重要的教学辅助手段。

(七)步骤七:教学资源(图8-8)

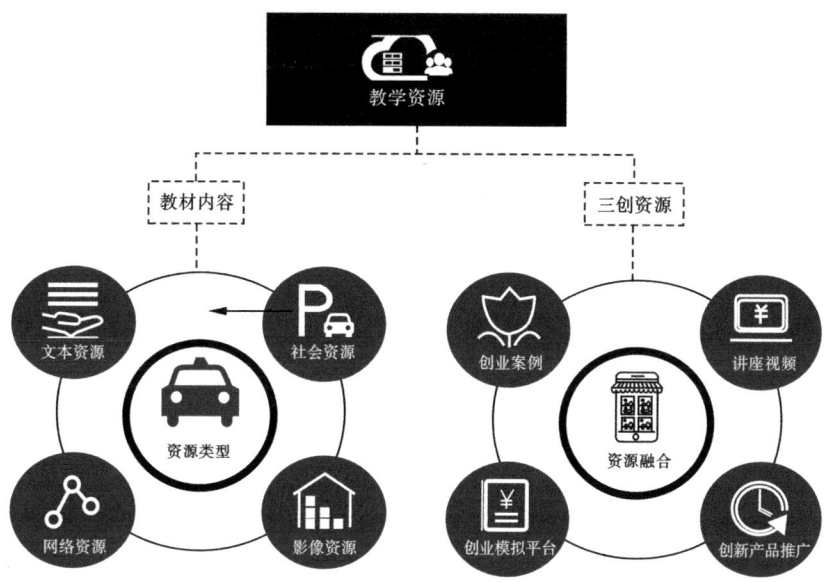

图8-8 "专创引领、三创融合"教学资源

1. 从教学资源类型上看,构建四种资源

(1)文本资源。教师准备关于演讲技巧和评价标准方面的书籍、教材和参考文献,供学生阅读和学习。还可以提供关于当代中国各领域发展的文本资料,以丰富学生的演讲内容。

(2)影像资源。教师搜集和整理一些具有代表性的国内外优秀英语演讲视频,作为案例分析的素材。学生也需要录制自己的演讲视频,上传到教学平台进行分享。

(3)网络资源。教学平台和移动学习应用程序可以支持学生在线提交作业、互评互动等。还可以建立微信群、QQ群,开展线上讨论交流,以及推荐一些英语学习网站、App 等电子资源。

(4)社会资源。包括学习交流工作坊、实习实训、社会实践中摘取的可以转化成可供演讲学习使用的社会资源。

2. 从"三创"相关教学资源的融合度来看,有四种形式的资源可供利用

(1)创业案例文本。提供成功创业者的演讲技巧分析,启发学生的创新思维。还会提供关于中国创新创业政策、环境等方面的发展报告及分析文章。

(2)创新产品推广视频。展示中国企业的创新产品及营销策略,培养学生的创业能力。学生也需要制作视频介绍自己的创业计划书。

(3)创业模拟平台。学生可以在虚拟环境中进行创业团队组建、产品研发、市场营销等创业经营的全过程模拟体验,培养创业经验。

(4)"三创"相关的讲座视频。邀请知名创业家进行在线分享,启发学生的创新思维和创业精神。

(八)步骤八:课程考核

课程考核遵循"思政引领"的理念,设计考核项目促进学生活学活用,在理解中国社会民情、国情、文化特点的基础上,在跨文化场合中讲好中国故事。同时,课程考核遵循"三创融合"的理念,通过多种形式介绍中国社会发展成就和当代青年的事业和发展。

专创融合评价特点为成果导向的考核评价;思政融合评价特点为内嵌多元的考核评价。整体课程考核设计要求,对标一流课程"两性一度"建设要求。以终为始,促进教学改革的顺利进行。

(九)步骤九:课程拓展(图8-9)

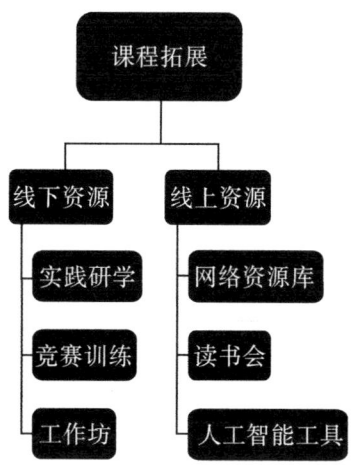

图8-9 "专创引领、三创融合"课程拓展资源分布

1. 线下拓展活动

组织参观活动,到政府部门、企业、科研院所等地,听取有关当代中国发展的专题报告,拓宽知识面。举办英语演讲比赛,与其他高校的同学交流切磋,展现学生的英语演讲能力。开展讲演评价工作坊,学生互评英语演讲视频,交流评价技巧和体会。

2. 线上拓展资源

建立网络资源库,收集各类英语演讲优秀案例,供学生自主学习。开设读书会,学生可以就课程等问题进行线上线下的交流讨论。推荐相关人工智能工具和英语学习类App,拓展学生的自主学习途径。

(十)步骤十:教学活动(图8-10)

1. 情境教学设计理念下的"产出导向法"课堂活动

建构主义学习理论认为,知识的建构是通过人与环境的互动进行的。特别是在语言教学中,老师应该创造设计好语言情境,学生在仿真模拟的环境下运用语言。"产出导向法"在课堂活动设计中,充分思考各种关键能力所涉及的要素融合。

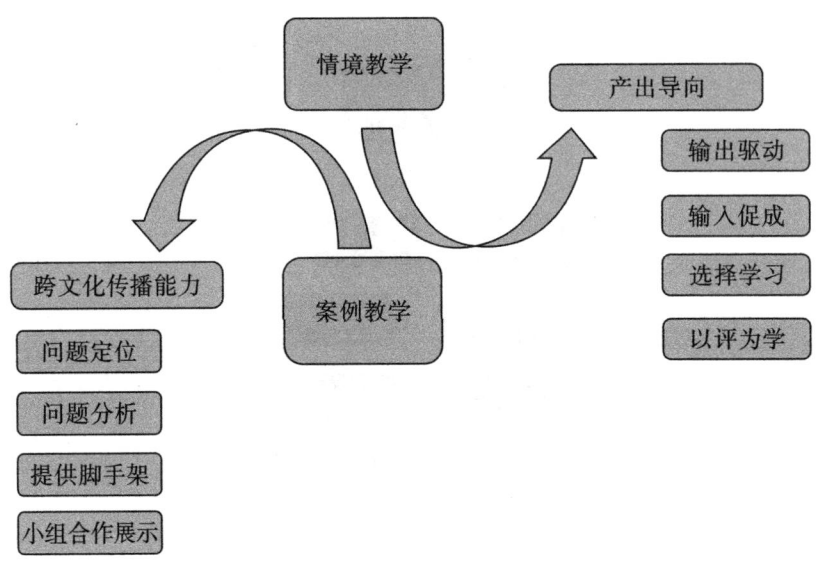

图 8-10 "专创引领、三创融合"课程教学活动主要特色

在"输出驱动"环节,主要建构依托中国社会发展现状的情境形式供学生输出驱动作为参考,如参观城市和学校的历史博物馆;观看电影或视频节选等。

在"输入促成"环节,学生可以在小组内部进行讨论;研读教材和课外材料中的案例情境、查找相关资料等活动。

在"选择学习"环节,允许使用自己喜欢的展示内容和形式。例如,可以灵活采用对话、访谈、记者招待会等形式,然后邀请不同组的学生上台演绎。

在"以评为学"环节,主要有"师生互评、组内互评、组间互评"三种评估形式。旨在通过评价触发反思,触发有效学习。具体要求如下:每个小组集体完成"讲中国故事"视频作品的制作或集体展示。该成果作为课程考核的一部分,要求学生们分工合作,秉承以小见大的民间或公共外交的形式设计作品,融入个人的生活体验和观察视角,同时不能自说自话,要站在外国人的角度听和想,反向设计作品的叙事结构和语言。同时,不应仅局限于剧情、画面的完整性,要注重遵循"以情感人""从平凡中见伟大""从细节中见宏观"的原则来设计剧本。从思想性来讲,深度挖掘对"中国道路、中国精神、中国价值、中国话语"的表述,让国际社会对中国独特的历史传统、国情民风、价值观念等有深入的理解。

2. 案例研讨与理论知识融合

"理解当代中国"系列课程教材内容更具针对性、现实性,为了增强学生学习的过程感、降低理论教学难度,教师应充分重视每个话题下的内容设计。比如,利用典型生动的中国故事和中国案例,引导学生进行开放式的案例研讨,分析其中存在的问题,了解其背后的社会、文化、政治等因素,并学习相关理论知识,有针对性地提出问题解决方案,实现既定目标。

同时,通过基于教材内容的案例开发可以充分体现当代大学生对世界文化多样性的理解和尊重、对中国文化的热爱与自信。案例教学旨在呈现出跨文化传播现场,让学习者直观、真切地感受到讲好中国故事的原则与挑战。在分析案例时,要求学生们抽丝剥茧,对案例体现的文化差异及中外各方的互动进行全面细致的阐述,这种"在做中学"的方式能够更贴切地阐释案例中出现的误解和冲突。增强学生的批判性思维能力与跨文化传播能力。

第六节 改革解决的关键问题

"专创引领、三创融合"融合设计强调了知识、技能和素养三个维度的平衡发展,这反映了教育理念从单纯传授知识向全面培养人才的转变。课程改革体现的融合特点有如下几个方面。

一是知识方面:跨文化交际课程与专业课程融合,理解当代中国、中国共产党的社会与文化实践。

二是技能方面：自主学习能力、语言表达、团队协作、执行力、新媒体与信息技术。强调主动性与责任感，培养学习者的沟通与实践能力。

三是素养方面：批判性思维、设计思维、国际视野。要求世界观、人生观、价值观、创业精神，以及发现、探究、分析、解决问题的能力。

特别值得注意的是，设计中强调了跨文化交际、当代中国理解、批判性思维和讲好中国故事等元素，这体现了课程改革与时代需求和国家发展战略的紧密结合。同时，自主学习能力、团队协作等技能的突出，也反映了对学生未来职场适应性的考虑。这种多维度、多层次的融合途径不仅有助于学生的全面发展，也为培养具有国际视野和中国情怀的复合型人才提供了框架。

三创融合的教学设计理念贯彻了新时代教育方针，主要体现在以下几点。

一是教育理念融合：深入贯彻习近平新时代教育思想，落实本科教育振兴举措。结合英语专业特色，从理论到实践全方位探索，创新课程内容。将思政教育、专业教育与创新创业创造教育有机融入人才培养全过程，实现多维度教育融合。

二是教学方法融合：以专业教育为基础，注入创新创业理念。紧跟专业发展趋势，挖掘课程中的创新创业资源，将学科竞赛、创新创业训练项目及教师科研成果融入课堂。通过典型案例分析和模拟实践，在专业知识传授中培养创造性思维，激发创新创业灵感。

三是教学内容与资源整合：教学设计注重培养学生创新精神、创业意识和实践能力。将创新创业知识系统融入课程体系，建设"专创融合""思创融合"的案例库和资料库，实现专业知识传授与创新创业能力培养的有机结合。

四是教学设计与方法创新：采用混合式教学，灵活运用启发、探究、讨论、案例和项目驱动等多元教学模式。以学生为中心，强化案例分析和实践教学，培养学生在专业领域的创新精神和创业意识。

五是教学活动与评价体系革新:建立"知识+能力+素质"为核心的多元化学习评价体系。结合过程性评价和终结性评价,促进学生自主学习、过程学习和体验式学习。通过案例讨论、作品展示等多样化方式,突出应用型人才培养特色。

第九章

英语专业专创融合课程改革设计
——以"讲好中国教育故事"项目为例

当前,国内外教育界均把提升素质教育内涵放在重要位置,兴起教育课程改革的热潮。英语作为高校重要基础课也在积极探索专业教学与思想政治理论有机融合的路径。近年来,国内各高校积极探索英语专业课程内容改革,英语教育界也开始重视培养学生的公民意识和社会责任感,但整体而言,把思想政治理论融入英语专业教学的研究仍较为空白,具体路径和范例较少。本章以微课程为抓手,以大学生创新创业项目为载体,探索思政引领下英语师范专业教学改革的师生共创新思路,可望取得一系列教研成果。

第一节 赋权增能师生共创对人才培养的意义

一、赋权增能师生共创是培养创新型英语人才的有效途径

赋权增能理论强调教师应转变为帮助学生实现自我实现的助能者,学生是学习的主人。在此理论指导下的教学,重视激发学生的学习主体性,鼓励他们主动参与、独立思考、勇于创新。这样的教学模式非常适合应用于英语类专业的人才培养。英语专业需要培养学生的独立语言运用能力、文化交际能力、创新意识与实践能力。如果老师能充分赋权学生,提供选择权,大胆启发学生主体性,学生将能在轻松愉悦的氛围中主动学习,展现强烈的

求知欲望,培养出色的创新精神和问题解决能力。这将有效帮助学校培养造就适应未来发展需要的创新型英语人才。

二、教育叙事思路的转型升级有助于讲好中国教育故事

传统的教育叙事思路更多站在政府和教师角度,侧重于教学成果的宣传。这往往忽视了学生的感受,也容易掉入空洞高调的套话。要讲好中国教育故事,需要转变视角,从学生感知出发叙事。让学生说出自己的真实想法,讲出自己的真实故事,这才能展现教育的本质价值。例如通过采访学生学习历程中的感人故事,反映老师辛勤付出的点点滴滴,可以加深公众对教育事业的理解。这种基于学生视角的教育叙事,才能真正打动人心,讲好中国教育故事。

三、思政引领的微课程全方位融入英语师范专业教育过程是大势所趋

思想政治理论是大学生成长必不可少的学习内容。将其融入专业教学,可以全方位激发学生的价值意识。以英语师范专业为例,微课程作为小而精的教学载体,可以按照思政要求设计英语口语主题,引导学生从道德和社会责任角度思考;组织学生撰写并讲述体现中国现象、中国价值的中国教育故事,可以体现英语专业示范生的独特人文素养与专业水准。这些微创新能起到润物细无声的效果,从多角度多层面将思想政治理论渗透到专业学习之中。这种融合思政的微课程建设,是新时代英语专业人才培养的有效路径,其价值体现在培养学生的价值理念、提高其文化自信和国际视野等诸多方面。

第二节　改革的应用前景

随着新时代教育改革的不断深化,高校英语专业教育面临着前所未有的机遇和挑战。一方面,国家对外开放和"一带一路"倡议的深入推进,对高素质英语人才提出了更高要求;另一方面,新文科建设和课程思政建设的大力推进,也为英语专业教育变革指明了方向。在此背景下,深入探索英语专业课程思政建设,推动思想政治教育与英语专业教育的有机融合,已成为新时代英语专业教育改革的重要课题。

一、引领英语师范专业课程体系创新发展

本章的微课程建设方案,是在思政引领下对英语师范专业课程的系统性改革与创新。这一改革理念和实践路径,对于加快构建德智体美劳全面发展的英语师范专业人才培养体系,具有重要的先导意义和示范价值。

1.课程目标定位的科学性

本章坚持以习近平新时代中国特色社会主义思想为指导,将立德树人作为根本任务,旗帜鲜明地把思想政治教育融入英语专业人才培养全过程,有效突破了英语专业教育偏重语言技能训练、轻视思想政治教育和创新创业教育的局限,为英语专业课程教学目标定位把准了政治方向、树立了价值导向。

2.课程内容设计的创新性

本章充分挖掘英语专业各类课程的思政元素,精心遴选蕴含社会主义核心价值观、劳模精神、文化自信等内容的案例素材,以微课程的形式创新融入专业教学,极大丰富了英语专业课程的思想内涵和时代特色,实现了显性教育和隐性教育的有机结合,是英语专业课程内容设计的一大创新。

3. 课程实施路径的多元性

在课程实施中注重发挥第一、第二、第三课堂的协同育人功能,充分利用线上线下教学资源,打破传统课堂的时空限制,丰富学生的学习体验。微课程可广泛应用于英语技能训练、主题教育活动、社会实践等环节,实现了思政教育与语言能力培育的同频共振,开辟了英语专业课程实施的崭新路径。

可以预见,本项目的微课程建设方案一旦成熟定型并在全国推广,必将引领英语师范专业课程体系变革,形成一批可复制、可推广的示范性课程,为培养具有家国情怀、国际视野、跨文化交际能力的时代新人提供坚实支撑。这对于全面提升英语师范专业人才培养质量,服务国家对外开放和"一带一路"建设,具有重要的理论价值和实践意义。

二、辐射带动其他文科专业课程改革创新

英语专业作为典型的文科专业,其人才培养和课程建设在很大程度上代表和引领着文科专业教育的发展方向。本项目致力于推进英语师范专业课程思政建设,在思想政治教育与专业教育融合方面进行了积极探索,形成了一整套行之有效的教学理念和实施路径。这些理念和经验不仅适用于英语专业,还能够辐射带动其他文科专业的课程改革与创新。

1. 思政引领的改革理念具有普适性

本项目坚持以马克思主义为指导,将社会主义核心价值观教育融入英语专业教学全过程,实现了知识传授、能力培养与价值塑造的有机统一。这一理念不仅契合英语专业的育人规律,也符合其他文科专业的人才培养规律,对于推动哲学、政治、历史、新闻传播等专业课程思政建设具有重要的启示意义。

2. 融合的改革路径具有延展性

本项目以创新、创业、创造教育为切入点,将创新精神、创业意识、创造能力培养融入英语专业课程教学和实践活动,拓宽了专业教育的内涵和外

延。这一做法也能为其他文科专业的课程设置和教学组织提供有益借鉴。比如,可以在哲学专业开设创新思维训练课程,在历史专业开设文化创意产业课程,在新闻专业开设融媒体创业课程,推动创新创业教育与专业教育的深度融合。

3. 微课程的教学形式具有示范性

本项目开发了一系列富有思想性、针对性、感染力的微课程,创新运用到英语专业教学的方方面面,深受师生欢迎。微课程短小精悍、灵活便捷的特点,也非常适合其他文科专业人才培养需要。各专业可以借鉴本项目的经验,深入挖掘本专业的思政元素,开发体现时代精神、专业特色和地域文化的微课程,用小切口折射大主题,用小故事传递大道理,丰富文科专业课程思政建设的手段和途径。

总之,作为课程思政建设的探路者和先行者,本项目形成的理念、路径、方法对其他文科专业具有较强的辐射带动作用。各专业可以从本项目的实践中汲取智慧和营养,结合自身特点,因地制宜、因材施教地推进课程思政建设,不断提升人才培养的思想性、时代性和亲和力,为培养担当民族复兴大任的时代新人提供源源不断的人才支撑。这是本项目的应用价值所在,也是新文科建设的应有之义。

三、服务指导基础教育英语教学改革发展

高校作为基础教育师资的培养阵地,肩负着为基础教育输送合格师资、引领基础教育改革发展的重要使命。而英语学科作为基础教育阶段的核心学科之一,其教学改革与发展在很大程度上影响和决定着国民整体英语素养的提升。作为面向英语教育专业的教学改革项目,本项目的理念和成果不仅有助于提升英语师范生的专业素养,更能够服务和指导基础教育阶段的英语教学改革与发展。

1. 树立英语教师的师德典范

师德是教师的灵魂、教育的生命。而高校阶段是师范生树立崇高师德的关键时期。本项目广泛选取英语教育战线涌现出的优秀教师典型,通过微课程的形式生动再现他们爱岗敬业、甘于奉献的感人事迹,让师范生在耳濡目染、潜移默化中感悟师德的力量,自觉将个人理想与教育事业相结合,立志成为"四有"好老师。这些微课程也可以在中小学广泛使用,成为英语教师加强师德修养的鲜活教材。

2. 丰富基础英语教学的素材库

本项目围绕社会主义核心价值观、中华优秀传统文化传承发展、创新创业教育等主题,遴选了大量蕴含思想性、时代性和教育性的案例素材,制作成生动活泼的微课程。这些微课程不仅可以作为大学英语课堂的有益补充,也可以成为中小学英语教学的重要素材库。广大中小学英语教师可以将这些微课程和素材融入教学的听说读写等各个环节,让学生在学习英语的同时接受熏陶,从小培育家国情怀、创新精神和文化自信。

3. 创新基础英语教学的路径法

当前,随着"互联网+教育"的快速发展,信息技术与英语学科教学的深度融合已成为基础教育领域的重要命题和发展方向。本项目充分利用慕课、微课等信息化手段,积极探索线上线下混合式教学、翻转课堂等模式,形成了一系列创新性的教学路径和方法,值得中小学英语教学借鉴。比如,可以学习本项目开发微课程的经验,引导中小学生自主开发制作英语微视频,在动手实践中提升英语综合运用能力。又如,可以利用微课程打造英语实践教学新阵地,开展英语演讲、辩论、话剧等形式多样的实践活动,在寓教于乐中提升学生的英语学科核心素养。

本项目是高校英语专业教育主动服务国家基础教育改革发展大局的生动实践。项目成果的推广应用,必将有力推动基础教育阶段英语教师师德建设、英语课程思政建设、英语教学模式创新,为培养具有家国情怀和国际视野的社会主义建设者和接班人提供坚实保障。这充分体现了高校在人才培养链条中的领航作用,彰显了高校服务国家、服务社会的责任与担当。

本项目基于英语师范专业教育教学改革的时代需求,以习近平新时代中国特色社会主义思想为指导,以立德树人为根本任务,以"三创"融合为切入点,积极推动思想政治教育与英语专业教育的有机融合,在丰富专业内涵、创新教学形式、完善培养体系等方面进行了积极探索,形成了富有成效的育人理念和实践经验。这些理念和经验不仅能够引领英语师范专业教育教学改革,而且能够辐射带动其他文科专业乃至基础教育领域的教学改革,在更大范围、更高层次、更深程度上发挥示范引领作用,为加快培养德智体美劳全面发展的社会主义建设者和接班人做出积极贡献。

第三节　改革实施方案

一、改革内容

(一)概述

改革内容主要由四方面构成,包括对《习近平总书记教育重要论述讲义》(以下简称《讲义》)英文版进行研读与二次开发,设计成可行可用的案例和故事,建设英语师范专业的课程思政教学元素库和微课程,实现和英语师范专业各科目课程内容和三全育人的深度有机融合。

改革设计的内在逻辑有四个转换,分别为:政治话语向学术话语转换,实现以理服人;学术话语向生活话语转换,实现以实引人;生活话语向叙事话语转换,实现以事化人;叙事话语向情感话语转换,实现以情动人。

(二)改革目标

构建适合英语师范专业特点的思政理论微课程体系,实现思政理论与专业课程深度融合。提高英语师范生的语言表达能力和国际传播能力,拓宽其语言表达的样式与方式,增强说服力和吸引力。培养英语师范生正确的世界观、人生观和价值观,增强文化自信和国际视野。加强英语师范生的专业和职业认知,坚定专业和职业发展方向。

(三)拟解决的关键问题

解决英语师范专业课程中课程思政在育人效果方面针对性不强、亲和力不足等问题。解决英语师范生话语表达方式单一、说服力不强、吸引力不强等现实困境。解决国际传播日益增长的话语多样化需求同英语专业学生单一的表述话语表达之间的矛盾。

二、实施方案

实施全链条教学模式设计,从教材开发到教学育人融入,充分考虑到了现实的教学需求。下面是对改革内容的分步骤展示。

(一)《习近平总书记教育重要论述讲义》(以下简称《讲义》)英文版研读

首先确定《讲义》的基本框架内容,《讲义》由导言和九讲构成,对习近平总书记关于教育的重要论述进行了系统深入地阐述。该书立足全面建设社会主义现代化国家、全面推进中华民族伟大复兴战略高度,紧密围绕"培养什么人、怎样培养人、为谁培养人"这一教育的根本问题,内容全面系统,具有可读性、指导性、实践性。

(二)设计成可行可用的案例和故事(表9-1)

表9-1 微课程内容(案例/故事)分析

主题	课时	微课程内容(案例/故事)	知识传授	能力提升	价值塑造
第1讲 坚持党对教育事业的全面领导	第1课时	分享习近平总书记在北京师范大学考察的报道	理解党领导教育的重要性	培养践行党的教育方针政策的能力	坚定树立政治方向,增强党性修养
	第2课时	分享乡村教师徐美华的奉献故事	认识教师在教育事业中发挥的关键作用	培养教师政治站位,弘扬老师精神	发挥教师先锋模范作用,引领学生成长
第2讲 坚持把立德树人作为根本任务	第1课时	分享最美教师石兰松的故事	理解教育的本质在立德树人	培养学生道德品质和核心价值观	坚守教育立德树人的根本任务
	第2课时	分享北京大学"我和我的母校"主题征文活动中的优秀故事	认识母校文化与精神对学生的潜移默化影响	培养诠释和继承母校文化的能力	增强学生对母校的认同感和荣誉感

续表9-1

主题	课时	微课程内容（案例/故事）	知识传授	能力提升	价值塑造
第3讲 坚持优先发展教育事业	第1课时	分享习近平总书记在清华大学考察时指出教育决定国家长远发展的重要性	了解教育在国家发展战略中的重要地位	培养视教育为国家重要策略的责任与担当	牢固树立教育优先发展的意识
	第2课时	分享上海贫困女生通过加班学习实现考上复旦大学的理想的奋斗故事	认识通过教育可以改变命运	培养发奋向上的上进心和刻苦耐劳的品质	树立只要努力，人人都能够通过教育改变命运的信心
第4讲 坚持社会主义办学方向	第1课时	分享严复办新学堂弘扬民族教育的故事	理解社会主义办学方向的重要性	培养践行社会主义办学理念的能力	坚定社会主义办学方向，传承民族教育精神
	第2课时	分享黄大年的教学理念与实践	认识教师在社会主义办学中的重要作用	培养教师坚持社会主义办学理念的能力	引导教师发挥社会主义办学的示范引领作用

续表9-1

主题	课时	微课程内容（案例/故事）	知识传授	能力提升	价值塑造
第5讲 坚持扎根中国大地办教育	第1课时	分享广西师范大学"中华优秀传统文化传承发展教师团队"的故事	了解中国教育发展必须扎根中国的重要性	培养传承和发扬中华优秀传统文化的能力	增强民族自豪感和文化自信
	第2课时	分享贵州省农村教师孙影积极推动乡村振兴的实践故事	认识教育必须面向农村和基层,解决不平衡问题	培养面向基层的教育报国情怀	树立教育报国的理想信念
第6讲 坚持以人民为中心发展教育	第1课时	分享杜顺老师在吉林偏远山区支教的感人故事	了解"人民教师"的情怀与担当	培养老师为人民服务的情怀	引导教师牢记立德树人的初心和使命
	第2课时	分享一名西藏大学生向全国人大代表建议提高高原地区教育经费的故事	认识民族地区教育发展面临的困境	培养关注民族地区教育发展需求的能力	增强教育公平发展和民族团结的意识

续表 9-1

主题	课时	微课程内容 （案例/故事）	知识传授	能力提升	价值塑造
第7讲 坚持深化 教育改革 创新	第1课时	分享南开大学在教育改革中走在全国前列的前沿故事	了解教育改革的重要性和路径	培养教育改革的意识与能力	增强教育进取与创新的精神
	第2课时	分享全国中小学开展教育改革创新类的体验活动故事	认识基础教育阶段教育改革创新的意义	培养基础教育教学改革和创新的能力	引导教师提高教学水平和教育创新能力
第8讲 坚持把服 务中华民 族伟大复 兴作为教 育的重要 使命	第1课时	分享清华大学在国防科技领域做出重大贡献的故事	了解高校服务国家发展的重要作用	培养学生报效国家的责任与担当	增强学生的国家认同感和奉献精神
	第2课时	分享职业院校培养大量技能人才支持经济发展的故事	认识职业教育服务经济社会发展的意义	培养面向经济主战场，满足经济社会需求人才培养的能力	引导学生树立工匠精神，勇当时代新人
第9讲 坚持把教 师队伍建 设作为基 础工作	第1课时	分享中小学教师李修雄在偏远地区长期奉献的感人故事	了解教师队伍建设的重要性	培养教师队伍建设的意识与能力	引导教师发挥模范带头作用
	第2课时	分享新疆女教师阿力甫夏坚守乡村教育一线40余年的故事	认识教育事业发展的根本在教师	培养教师发展专业化的能力	增强教师成长与贡献的责任感

1. 案例与故事内容的选取分析

(1)案例故事内容丰富多样,涵盖基础教育和高等教育,既有宏观层面,也有微观角度。

(2)选取《讲义》中的典型案例,如在清华大学、北京师范大学考察的报道。这些内容能加深学生对党中央教育方针的理解。

(3)融入大量感人的基层教育故事,如村寨教师张玉祥、"星星的老师"陈宣礼等人物事迹。这些案例生动形象,易于打动学生,激发其奉献精神。

(4)选取体现中国教育发展进程的重要历史案例,如严复创办新学堂的经历。这些内容丰富了历史维度,可培养学生的历史情怀。

(5)案例覆盖面广,反映出中国教育普及化、立德树人的理念,以及办学过程中存在的问题与改革方向等情况。

2. 内容总结

(1)知识传授。通过案例助学生加深对党的教育方针政策和中国教育发展历程的理解;了解教育在国家和民族发展中的战略地位及深远影响;掌握社会主义办学、立德树人的内在要求。

(2)能力提升。培养学生理解和运用马克思主义立场观点分析问题的能力;提高其传承和弘扬中华民族优秀传统文化的能力;增强学生关注国家教育发展需求并承担历史责任的使命感与担当。

(3)价值塑造。通过各类案例的价值启迪作用,帮助学生树立正确的世界观、人生观和价值观,坚定教育事业的政治方向;增强学生的国家认同、民族自豪与文化自信;强化社会责任和奉献意识,成为担当民族复兴大任的时代新人。

(三)建设英语师范专业的课程思政教学元素库和微课程

1. 英语师范专业的课程思政教学元素库:核心案例分析(表9-2)

表9-2 核心案例分析

序号	案例/故事	思政教学元素分类	对应英语师范专业培养方案
1	分享习近平总书记在北京师范大学考察的报道	社会主义核心价值观元素	具有正确的世界观和人生观、坚定的政治信念和思想认同
2	分享乡村教师徐美华的奉献故事	劳模精神元素	具有从教意愿,能够认识到教师工作的价值和独特的专业性
3	分享最美教师石兰松的故事	立德树人元素	坚守教育立德树人的根本任务
4	分享北京大学"我和我的母校"主题征文活动中的优秀故事	文化自信元素	增强学生对母校的认同感和荣誉感
5	分享习近平总书记在清华大学考察时指出教育决定国家长远发展的重要性	中华民族伟大复兴元素	增强学生的国家认同感和奉献精神
6	分享上海贫困女生通过加班学习实现考上复旦大学的理想的奋斗故事	平等互助元素	树立只要努力,人人都能够通过教育改变命运的信心
7	分享严复办新学堂弘扬民族教育的故事	文化自信元素	传承中华优秀文化,具有良好的人文底蕴和科学素养
8	分享黄大年的教学理念与实践	社会主义核心价值观元素	具有正确的世界观和人生观、坚定的政治信念和思想认同

续表9-2

序号	案例/故事	思政教学元素分类	对应英语师范专业培养方案
9	分享广西师范大学"中华优秀传统文化传承发展教师团队"的故事	文化自信元素	增强民族自豪感和文化自信
10	分享贵州省农村教师孙影积极推动乡村振兴的实践故事	平等互助元素	树立教育报国的理想信念
11	分享杜顺老师在吉林偏远山区支教的感人故事	劳模精神元素	具有从教意愿,能够认识到教师工作的价值和独特的专业性
12	分享一名西藏大学生向全国人大代表建议提高高原地区教育经费的故事	平等互助元素	增强教育公平发展和民族团结的意识
13	分享南开大学在教育改革中走在全国前列的前沿故事	中华民族伟大复兴元素	增强教育进取与创新的精神
14	分享全国中小学开展教育改革创新类的体验活动故事	中华民族伟大复兴元素	引导教师提高教学水平和教育创新能力
15	分享清华大学在国防科技领域做出重大贡献的故事	中华民族伟大复兴元素	增强学生的国家认同感和奉献精神
16	分享职业院校培养大量技能人才支持经济发展的故事	中华民族伟大复兴元素	引导学生树立工匠精神,勇当时代新人
17	分享中小学教师李修雄在偏远地区长期奉献的感人故事	劳模精神元素	引导教师发挥模范带头作用
18	分享新疆女教师阿力甫夏坚守乡村教育一线40余年的故事	劳模精神元素	增强教师成长与贡献的责任感

2. 英语师范专业的课程思政教学元素库:完整案例故事

为构建完善的思政教学元素库,在收集整理相关案例的基础上,项目组将持续开展案例挖掘工作。遵循案例选择的代表性、典型性、知识性原则,每类思政教学元素将补充确定5个相关案例。案例挖掘的主要途径包括文献阅读解析、新闻报道跟踪、校史访谈采集、教育教学实践田野调查等。最终形成每个思政教学元素分类对应5个案例的规模,案例库的扩充将为后续微课程设计提供更丰富的素材支持(表9-3)。

表9-3 思政教学元素及其对应案例

思政教学元素分类	对应案例或故事
社会主义核心价值观元素	分享习近平总书记在北京师范大学考察时的故事
	分享李光羲老师传播核心价值观的故事
	分享渤海大学科学家系列故事(王焕清、鄂涛老师等)
	分享渤海大学美术学院推动乡村美育教育的故事
	分享渤海大学辅导员开展心理救助的故事
劳模精神元素	分享乡村教师徐美华的奉献故事
	分享杨秀萍老师为残疾学生付出的故事
	分享退休老师继续义务教学的故事
	分享年轻志愿者支教的故事
	分享老年教师关心下一代委员会提案的故事
立德树人元素	分享渤海大学文学院退休教授周云龙捐资助学的故事
	分享李小琳老师关爱留守儿童的故事
	分享刘海老师乡村教书30年的故事
	分享关平教授劝导大学生的故事
	分享任仲夷校长为贫困女生办理助学金的故事

续表 9-3

思政教学元素分类	对应案例或故事
文化自信元素	分享渤海大学"我和我的母校"主题征文活动中的优秀故事
	分享京剧进校园,传承国粹的故事
	分享渤海大学体育学院师生传承少北武术的故事
	分享渤海大学中文老师在孔子学院开设国学课程的故事
	分享老师组织学生汉服文化体验活动的故事
中华民族伟大复兴元素	分享"东北电影工作室"推动美育教育的故事
	分享西北工业大学学子隐姓埋名报效祖国的故事
	分享老师开设国家安全教育课程的故事
	分享外国语学院学生参加"一带一路"社会实践的故事
	分享渤海大学学生参与国家级科技创新大赛获奖的故事
平等互助元素	分享上海贫困女生通过加班学习实现考上复旦大学的理想的奋斗故事
	分享留守儿童被老师接到学校照顾的故事
	分享大学生"星星公益社"帮扶贫困学子的故事
	分享老师开展校园捐血活动的故事
	分享老师和学生共同维护校园绿化的故事

(四)微课程的设计与制作

在前述工作完成的基础上,项目组会进行微课程的设计和制作。限于篇幅,此处只以一个故事为例,展示范例微课程的内容和形式。本微课程通过案例分享的形式,重点讲述乡村教师徐美华的事迹和奉献精神(表9-4)。前2分钟由教师做案例的背景介绍,帮助学生了解事件发生的时间、地点、参与人员等情况。第3~4分钟为案例内容的展示,采用情景再现的方式重点讲述徐美华老师的关键事迹。第5~6分钟展示案例精彩片段:徐美华老师最感人的事迹。第7~8分钟教师组织学生讨论,引导学生深入理解案例蕴含的立德树人内涵和故事元素。第9~10分钟师生共同完成故事改编的初稿。

表9-4　微课程分析

微课程名称	立德树人之星:徐美华老师的故事
教学目标	了解徐美华老师的奉献精神 感受教育立德树人的本质;坚定自己的立德树人信念 改编包含立德树人主题元素的适合国际传播的故事
思政教学元素的融入	通过案例深化学生对立德树人的理解,激发其践行立德树人的责任与担当
课时长度	10分钟

(五)英语师范专业教学育人的深度有机融合

1. 微课程可广泛运用于英语师范专业课程之中

例如,在教材教法类课程的教学中,这些案例微课可融入其中,充实课程内容,帮助学生深入理解师德师能与教育实践的统一。在教育基础理论类课程中,案例微课可辅助讲授,帮助学生将理论知识内化为价值信念和行动指南。在英语语言技能类课程中,微课中的文本、录音、录像可构建情境任务,训练学生英语综合运用能力的同时帮助其树立正确的价值取向。在教学实践类课程中,微课可提供案例启示,指导学生在实践中践行社会主义核心价值观。

2. 在第二课堂中,这些案例微课可重点用于主题教育活动、专题讲座中

通过微课形式的视频学习,既丰富了第二课堂的教学手段,又可利用案例的感染力和说服力帮助学生培养正确的世界观、人生观、价值观。同时这些微课还可以推荐学生自主学习,实现第二课堂自主学习与常规培养的有效衔接。

3. 在第三课堂即社会实践中,学生可运用所学微课知识开展调查研究

例如学生可以结合本地区的教育发展现状,采访当地教师的先进事迹。通过这种"案例式"调查,既丰富了学生的社会实践体会,又可收集更多微课素材。调查结果可进一步拓展素材库建设,实现理论联系实践、知行合一。

第四编

多维度分析篇

第十章

英语专业学生专创融合创新能力培养路径分析

在全球化和信息化发展日益加速的现代社会,英语专业的学生正处在一个充满挑战与机遇的时代。随着国际交流的不断深化,社会对于英语专业人才的需求已经远远超出了单纯的语言技能层面。如今,英语专业的学生不仅需要熟练掌握英语听、说、读、写、译等基本技能,更需要具备创新思维和创新能力,以便在多元化的全球环境中发挥关键作用,解决现实问题。

全球市场的快速融合与技术革新,尤其是数字技术的飞速发展,极大地推动了各行各业的变革。在这样的背景下,英语专业的学生必须能够适应这一变化,将英语语言能力与专业知识相融合,进而培养出能够应对复杂国际交流环境的能力。这种融合创新能力,不仅体现在语言运用的高级阶段,更是英语专业学生提升自身竞争力、拓宽职业发展道路的关键。

中国正积极参与全球治理,推动构建人类命运共同体,这对外语人才,尤其是英语专业人才提出了更高的要求。他们不仅需要在语言上精准传达,更需要在跨文化沟通中展现出高超的创新应变能力。因此,加强英语专业学生专创融合创新能力的培养,显得尤为重要。这种能力的培养,有助于提升我国在国际舞台上的话语权和影响力,进而推动社会全面进步。

从教育的角度来看,传统的英语教育主要侧重于语言技能的传授,而在新时代背景下,这种教育模式已难以适应社会的需求。因此,英语专业教育需要与时俱进,积极探索将创新教育融入专业教学之中,以培养出更多具备融合创新能力的优秀人才。这不仅能够提升学生的个人竞争力,还能够为社会输送更多符合时代发展需求的高素质人才。

加强英语专业学生专创融合创新能力的培养,是适应全球化发展趋势、满足社会对英语专业人才新需求的必由之路。这一创新教育模式的探索与实践,将为我国英语专业教育注入新的活力,推动英语专业教育质量和水平的提升,从而更好地服务于国家战略需求和社会经济发展。通过融合创新能力的培养,英语专业的学生将能够更加自信地面对未来的挑战,成为具有国际视野和创新能力的高素质人才。

第一节 国内外研究现状

关于英语专业学生创新能力培养的话题在国内外学术界引起了广泛关注。众多学者从不同角度对此进行了深入探讨,取得了一系列重要成果。

国外学者的研究主要集中在教育理论、心理学领域,对创新能力的内涵和构成要素进行了深入剖析。例如,有学者从认知心理学的角度出发,探讨了创新思维的形成过程及其影响因素,提出了通过优化课程设置和改革教学方法来培养学生的创新能力。这些研究为我们理解创新能力的本质提供了有益的启示,也为英语专业学生创新能力培养提供了理论支撑。

国内学者的研究则更加注重实践层面。他们结合我国实际情况,对英语专业人才培养模式进行了大胆创新,旨在提高学生的综合素质和创新能力。例如,有学者提出了"以赛促学、以赛促创"的教学模式,通过组织各种英语竞赛活动来激发学生的创新热情和实践能力。还有学者倡导在英语教学中引入跨学科元素,通过拓宽学生的知识视野来培养其创新思维和解决问题的能力。这些实践探索为英语专业学生创新能力的培养提供了有益的参考和借鉴。

尽管国内外学者在英语专业学生创新能力培养方面取得了诸多成果,但关于专创融合创新能力培养的系统性研究仍显不足。特别是在全球化和信息化快速发展的背景下,如何有效地将专业知识与创新思维相结合,培养出既具备扎实语言技能又具备较强创新能力的英语专业人才,仍是一个亟待解决的问题。因此,有必要进一步加强这方面的研究,为英语专业学生专创融合创新能力培养提供更加科学、系统的指导方案。

国内外学者在英语专业学生创新能力培养方面的研究呈现出多元化、实践化的趋势。但与此同时,也暴露出一些问题和不足,特别是在专创融合创新能力培养方面的系统性研究仍需加强。未来,我们期待更多的学者能够关注这一领域,共同推动英语专业学生创新能力培养事业的蓬勃发展。

为了更深入地探讨英语专业学生专创融合创新能力的培养路径,我们需要从多个维度进行分析。首先,教育理念需要更新,将创新教育贯穿于英语专业教学的全过程,鼓励学生勇于尝试、敢于创新。其次,课程体系需要优化,增设与创新能力培养相关的课程,如创新思维训练、跨学科实践等,以提升学生的综合素质和创新能力。最后,实践平台需要拓展,通过校企合作、国际交流等方式,为学生提供更多展示自己创新才能的机会和舞台。只有这样,我们才能真正培养出符合社会需求的创新型英语专业人才。

第二节 专创融合创新能力理论框架

一、创新能力的构成

创新能力是一个多维度、复杂的能力集合,它涵盖了创新思维、创新实践和创新成果三个核心方面。这三个方面相互关联,共同构成了个体在创新活动中的全面能力。

创新思维是创新能力的基石,它涉及个体在解决问题、创造新事物时所展现出的独特思维方式。创新思维包括但不限于批判性思维和发散性思维。批判性思维使个体能够深入剖析问题,从不同角度审视并挑战现有观点,从而推动知识的进步和发展。而发散性思维则鼓励个体跳出传统框架,探索多种可能性,为创新提供源源不断的灵感。这两种思维方式在创新思维中占据重要地位,是创新能力培养中不可忽视的要素。

创新实践是将创新思维转化为具体行动的过程。这一过程涉及实验、调研、项目实施等多种活动,旨在通过实际操作来验证和完善创新思维。创新实践不仅要求个体具备扎实的专业知识和技能,还需要勇于尝试、不断迭代的精神。在实验和调研中,个体需要收集并分析数据,以科学的方法验证假设的可行性。在项目实施中,个体则需要将理论知识与实际应用相结合,解决现实问题。创新实践是创新能力的重要体现,也是推动社会进步和科技发展的关键环节。

创新成果是创新实践的最终产物,它可以是学术论文、专利、创业项目等多种形式。这些成果不仅体现了个体的创新能力,也是对其创新思维和创新实践的肯定。学术论文通过严谨的论证和数据分析,为学术界提供新的观点和见解。专利则保护了个体的创新成果,推动技术的转化和应用。创业项目则将创新理念转化为实际产品或服务,为社会带来实实在在的价值。创新成果是创新能力最直接的体现,也是衡量个体创新能力强弱的重要标志。

创新能力由创新思维、创新实践和创新成果三个方面构成。这三个方面相辅相成,共同构成了个体在创新活动中的全面能力。在培养英语专业学生的创新能力时,应注重这三个方面的均衡发展,通过课程设置、教学方法改革等方式激发学生的创新思维和实践精神,提高他们的创新能力。同时,还应鼓励学生积极参与各种创新活动和实践项目,将理论知识与实际应用相结合,不断提升自己的创新能力。

二、理论框架的构建

在构建英语专业学生专创融合创新能力的理论框架时,我们着重考虑专业知识、创新思维、创新实践以及创新成果这四个核心要素。该理论框架不仅体现出创新能力培养的系统性,还突显了专创融合在英语专业教育中的重要性。

专业知识作为创新能力的基础,涵盖了英语语言技能、文化知识以及跨文化交际能力等方面。这些专业知识的积累和运用,为学生提供了发现问题、分析问题、解决问题的基本工具和方法。在英语专业中,这些专业知识的学习尤为重要,它们是学生进行创新活动的前提和基础。

创新思维是创新能力的核心,它包括了批判性思维、发散性思维等多种思维方式。这些思维方式的培养有助于学生在面对问题时,能够从不同的角度进行思考,提出新颖的解决方案。在英语专业中,创新思维的培养可以通过多样的教学手段来实现,如组织讨论、进行案例分析等,以激发学生的创新思维和想象力。

创新实践是将创新思维转化为实际行动的过程,它涉及实验、调研、项目实施等具体操作。在英语专业中,创新实践可以通过参与学术研究、进行实地调研、组织模拟国际会议等方式进行。这些实践活动不仅能够锻炼学生的实际操作能力,还能帮助他们在实际操作中不断发现问题、解决问题,从而提升自己的创新能力。

创新成果是创新实践的产物,也是衡量创新能力的重要标志。在英语专业中,创新成果可以表现为学术论文的发表、翻译作品的完成、跨文化交流项目的实施等。这些成果不仅体现了学生的创新能力,也是对他们专业知识、创新思维和创新实践能力的综合检验。

我们将专创融合与创新能力相结合,构建了一个以专业知识为基础,以创新思维为核心,以创新实践为手段,以创新成果为目标的理论框架。这一框架为英语专业学生创新能力的培养提供了全面的指导,有助于学生在全球化和信息化快速发展的背景下,更好地应对挑战,发挥自己的创新潜能。

第三节 英语专业学生创新能力培养现状

一、培养模式分析

在深入探讨英语专业学生创新能力培养的现状时,我们不得不提及其中的多种培养模式。这些模式在实践中各有千秋,既展现出其独特的优势,也暴露出相应的局限性。

传统讲授式作为最为经典的教学方法之一,其侧重于系统地向学生传授专业知识。在这种模式下,教师可以通过细致的讲解帮助学生建立起扎实的专业基础。然而,这种方式的弊端也显而易见:它往往过于强调知识的输入,而忽视了学生的主体性和创新性的培养。学生在被动接受知识的过程中,容易失去对学习的热情和探索的欲望,这对于创新能力的培养无疑是一种阻碍。

与此相对,案例分析法则通过引入具体的案例,让学生在分析、解决问题的过程中锻炼其思维能力和实践能力。这种方法能够有效地将理论知识与实践相结合,使学生在实际操作中深化对专业知识的理解。同时,案例分析法的开放性也能够激发学生的创新思维,培养其多角度、多层次思考问题的能力。然而,案例分析法也面临着一些挑战,如案例的选择和更新存在难度,以及学生对案例的熟悉程度和理解能力可能影响其学习效果等。

项目驱动法则是一种以学生为中心,以项目完成为导向的教学方法。在这种模式下,学生需要在教师的指导下自主完成项目,从而培养其自主学习能力、实践能力和团队合作精神。项目驱动法的优点在于其能够让学生在真实的环境中体验和解决问题,有效提升其创新实践能力。然而,这种方法的实施也需要充足的资源和时间保障,如项目经费、实验设备以及教师的指导时间等,这些因素都可能制约其在实际教学中的应用。

当前英语专业学生创新能力培养的模式多种多样,每种模式都有其独特的优势和局限性。为了更有效地提升学生的创新能力,我们需要根据实际情况灵活运用这些模式,充分发挥其各自的优势,同时努力克服其存在的局限性。例如,可以在传统讲授式的基础上引入案例分析法和项目驱动法,通过多元化的教学方法激发学生的学习兴趣和创新思维,培养其全面的创新能力。

二、课程设置与教学方法

英语专业的课程设置历经多年的发展与完善,已形成了较为全面的课程体系。这一体系不仅包含了对语言基础技能的深入训练,如听、说、读、写、译等,还涉及了文化知识的传授以及跨文化交际能力的培养。这样的课程设置旨在为学生打下坚实的语言基础,同时拓宽他们的国际视野,为未来的专业发展和跨文化交流做好充分准备。

在深入考察教学实践时,我们不难发现一些亟待改进之处。最为明显的问题便是教学方法的单一性和对传统教学模式的过度依赖。许多课堂仍旧沿用以教师为中心、以教材为本的讲授式教学法。这种方式固然有其传授知识效率高的优点,但忽视了学生在学习过程中的主体地位和个性化需求,难以有效激发学生的创新思维和创新能力。

为了改变这一现状,我们必须对现有的教学方法进行深刻的反思和改革。启发式、讨论式和探究式等更为灵活多样的教学方式应被引入课堂中,以取代或部分取代传统的讲授式教学。这些新型教学方法强调学生的参与和互动,鼓励他们提出问题、分析问题并尝试独立解决问题。通过这样的教学过程,学生不仅能够更深入地理解和掌握所学知识,还能在实践中锻炼自己的创新思维和创新能力。

启发式教学可以通过设置富有挑战性的问题和情境,引导学生主动思考和探索,激发他们的求知欲和创新精神。讨论式教学则能提供一个开放、平等的交流平台,让学生在互相讨论和辩论中学会倾听、理解和尊重他人的观点,同时也能更好地表达自己的思想和见解。而探究式教学则更注重学生的实践操作和亲身体验,通过设计实验、调研等实践活动,让学生在亲身参与中发现问题、解决问题,从而培养他们的实践能力和创新精神。

通过改革课程设置和教学方法,我们可以为英语专业学生创造一个更加有利于创新能力培养的学习环境。这不仅需要教育者更新教育观念,采用更为灵活多样的教学方式,还需要学校和社会各界提供必要的资源和支持,共同推动英语专业学生创新能力的全面提升。

三、实践活动与成果

社会实践活动是英语专业学生将所学知识与实际相结合的重要途径,通过参与社会调研、社区服务、文化交流等活动,学生不仅能够提升语言运用能力,还能增强社会责任感和国际视野。志愿服务则侧重于培养学生的服务精神和团队合作意识,通过为弱势群体提供帮助、参与公益事业等方式,让学生在奉献中收获成长。而创新创业项目更是锻炼学生创新能力的有力抓手,从项目策划、团队组建到实施运营,每一个环节都考验着学生的创新思维和实践能力。

尽管这些实践活动在培养学生的创新能力方面取得了一定的成效,但仍存在一些问题亟待解决。首先,资源有限是一个不容忽视的问题。由于资金、场地等条件的限制,部分实践活动难以得到充分的开展,影响了学生的参与热情和实践效果。其次,指导不足也是一个需要关注的问题。部分学生在实践活动中缺乏专业的指导和引导,导致活动流于形式,难以达到预期的效果。

为了进一步提升英语专业学生实践活动的质量和效果,可以从以下几个方面入手:一是加大资源投入,为实践活动提供充足的资金和场地支持,确保活动的顺利开展;二是加强指导力量,邀请具有丰富实践经验的专家或教师担任指导顾问,为学生提供专业的指导和建议;三是完善活动机制,建立健全实践活动的组织和管理制度,确保活动的有序进行和成果的有效转化。

还可以通过拓展实践活动的领域和形式,来更好地满足学生的多样化需求。例如,可以开展与国际企业合作的实习项目,让学生在真实的工作环境中锻炼自己的创新能力和跨文化交际能力;还可以举办创新创业大赛等活动,激发学生的创新热情,提供展示自我和实现梦想的平台。

通过加强实践活动的组织和管理、加大资源投入、加强指导力量以及拓展实践活动的领域和形式等措施,我们可以更好地培养英语专业学生的专创融合创新能力,为他们的未来发展奠定坚实的基础。同时,这些措施也有助于推动我国英语教育事业的改革和创新,为培养更多具有国际视野和创新能力的英语专业人才做出贡献。

第四节　专创融合创新能力培养路径设计

一、路径设计原则

在构建英语专业学生专创融合创新能力的培养路径时,我们必须坚守几个核心原则,以确保路径的有效性和适应性。

系统性原则是我们设计的基石。这一原则强调培养路径必须全面而周密,覆盖知识传授、能力培养、实践锻炼等关键环节。在知识传授方面,我们要确保学生掌握扎实的英语语言基础和文化知识,为创新思维的培养提供坚实的学术土壤。在能力培养环节,我们着重提升学生的批判性思维、创新思维以及解决问题的能力,使他们能够灵活运用所学知识,勇于探索未知领域。实践锻炼则是检验学生创新能力的重要舞台,通过参与实际项目、模拟实战等多样化的实践活动,让学生在亲身体验中锻炼成长。

实践性原则在我们的培养路径中占据着举足轻重的地位。我们深知,理论知识的学习固然重要,但离开了实践,这些知识便如同无根之木,难以转化为学生的真实能力。因此,我们鼓励学生积极参与各类实践活动,如社会调研、学术研究、创新创业等,让他们在实际操作中发现问题、分析问题并寻求解决问题的有效途径。这种以实践为导向的学习方式,不仅能够加深学生对专业知识的理解,更能够培养他们的创新思维和实践能力。

前瞻性原则是我们培养路径中不可或缺的一环。在快速发展的全球化时代,英语专业学生必须具备前瞻性的视野和思维,才能紧跟时代步伐,应对未来社会的挑战。为此,我们密切关注国际前沿动态,及时将最新的学术成果和实践经验融入教学内容,引导学生关注未来发展趋势,培养他们的远见卓识。同时,我们还鼓励学生积极参与国际交流与合作,拓宽他们的国际视野,提升他们在跨文化环境中的沟通能力和创新能力。

我们设计的英语专业学生专创融合创新能力的培养路径,以系统性、实践性和前瞻性为原则,旨在全面提升学生的专业素养和创新能力。我们相信,通过这一路径的实施,能够培养出一批既具备扎实专业知识,又拥有创新思维和实践能力的优秀英语专业人才,为我国的社会发展和国际竞争做出积极贡献。

二、具体培养措施

(一)课程改革

在课程改革方面,我们需要对现有的课程体系进行全面的审视和优化。首先,应增加跨学科课程的比例,鼓励学生选修与英语专业相关的其他学科课程,如计算机科学、经济学、国际关系等,以拓宽学生的知识视野并培养其多元化的思维方式。其次,应提高实践课程的比重,通过实际的项目操作、社会调研等方式,让学生在实践中运用所学知识,提升其解决实际问题的能力。最后,教学方法的改革也至关重要,我们应摒弃传统的填鸭式教学,转而采用启发式、讨论式、案例式等教学方法,激发学生的学习兴趣,培养其独立思考和解决问题的能力。

(二)实践平台搭建

实践是检验真理的唯一标准,也是培养学生创新能力的重要环节。因此,我们应积极搭建校内外实践平台,为学生提供丰富的实践机会和资源。校内实践平台可以包括实验室、创新创业中心、学生社团等,这些平台可以为学生提供良好的实践环境和必要的支持。同时,我们还应加强与企业和社会的合作,建立校外实习基地,让学生有机会接触到真实的工作环境,了解行业的最新动态,从而拓宽其实践领域和视野。

(三)创新团队建设

团队建设是培养学生团队协作精神和创新能力的有效途径。我们应鼓励学生自发组建创新团队或兴趣小组,围绕特定的项目或课题进行研究和探索。通过团队合作,学生能学会如何与他人有效沟通、如何分工协作、如何解决团队中出现的各种问题。同时,团队成员之间的互相启发和激励也能激发学生的创新思维,推动其不断追求卓越。

(四)师资队伍建设

优秀的师资队伍是培养学生创新能力的重要保障。因此,我们应加强师资队伍建设,提高教师的创新素养和教学能力。一方面,我们可以通过引进具有丰富实践经验和创新成果的优秀人才来充实教师队伍;另一方面,我们可以鼓励现有教师积极参与科研和社会服务活动,通过实践来提升自己的创新素养和指导能力。同时,学校还应定期为教师提供培训和发展机会,帮助他们不断更新知识结构,提高教学水平。

三、预期目标与效果

通过实施专创融合创新能力培养路径,我们预期能够实现多重目标和显著效果。学生在专业知识掌握方面将得到全面提升,不仅局限于英语语言本身,更拓展至文化、历史、社会等多个层面,形成深厚的综合素养。这种综合素养的提升,将使学生更能够适应未来社会的多元需求,为其职业发展奠定坚实基础。

在创新思维和实践能力方面,学生将通过参与各种创新实践活动,如科研项目、创新创业项目等,学会如何运用所学知识解决实际问题。在这一过程中,学生的批判性思维、发散性思维等创新思维将得到锻炼,同时,他们的实践能力也将得到显著提升。这种创新思维和实践能力的结合,将使学生在面对复杂问题时能够迅速找到解决方案,成为具有高度适应性和创造力的人才。

通过专创融合的培养路径,学生的创新意识和创业精神将被有效激发。

在学习和实践的过程中,学生将逐渐认识到创新的重要性,并学会如何捕捉创新机会、整合创新资源。这种创新意识和创业精神的培养,不仅有助于学生在未来职业生涯中取得更好的成就,更能够为社会带来新的发展机遇和动力。

该培养路径还将促进学生的全面发展和个性化成长。通过提供多样化的课程和活动选择,让学生能够根据自己的兴趣和特长进行个性化学习和发展。这种全面发展和个性化成长的教育模式,将更加符合现代教育的理念,使每一个学生都能够在自己擅长的领域发挥出最大的潜力。

通过实施专创融合创新能力培养路径,我们预期将实现学生专业知识水平提升、创新思维和实践能力培养、创新意识和创业精神激发以及全面发展和个性化成长等多重目标和显著效果。这不仅将为学生个人的未来发展奠定坚实基础,更将为社会的进步和发展贡献出重要力量。

第五节 培养路径实施与保障

一、实施步骤与时间规划

在实施英语专业学生专创融合创新能力培养路径的过程中,详细的实施步骤与时间规划显得尤为重要。这不仅可以确保培养计划的有序推进,还能根据实际情况做出灵活调整,从而达到最佳培养效果。

我们需要对整体培养路径进行时间上的划分,设定短期、中期和长期目标。短期目标可能集中在课程改革和初步实践平台的搭建上,这一阶段通常可以在一个学期内完成。中期目标则涉及创新团队的建设和师资队伍的加强,这可能需要一到两个学年的时间来逐步推进。长期目标则着眼于学生的全面发展和培养路径的持续优化,这是一个持续不断的过程。

在具体实施上,短期内,我们可以通过课程改革,引入更多跨学科和实践性的课程内容,同时采用多样化的教学方法来激活课堂氛围,提升学生的学习兴趣。此外,着手搭建校内外实践平台,与企业和社会机构建立合作关系,为学生提供真实的实践环境。

进入中期阶段后,我们应着重于组建和扶持创新团队或兴趣小组。这可以通过设立科研项目、创新创业基金等方式来吸引学生参与。同时,加强师资队伍建设也是这一阶段的关键,通过培训、引进优秀人才等方式提升教师队伍的整体素质和创新能力。

在长期目标的实现过程中,我们需要建立一套完善的评估和反馈机制。定期对学生的创新能力、实践成果等进行评估,并根据评估结果对培养路径进行必要的调整和优化。此外,还应鼓励学生进行自我反思和规划,帮助他们认清自己的优势和不足,从而更好地规划未来的发展方向。

在整个实施过程中,过程管理和监控是确保各项措施得到有效落实的关键。我们可以通过设立项目管理小组、制订详细的工作计划和进度表、建立信息共享和沟通机制等方式来加强管理和监控。同时,定期进行总结和评估也是必不可少的环节,这不仅可以帮助我们及时发现问题并进行改进,还能为未来的培养工作提供宝贵的经验和借鉴。

通过制订具体的实施步骤和时间规划,并加强过程管理和监控,我们可以确保英语专业学生专创融合创新能力培养路径得到有效实施,从而为学生的全面发展和个性化成长奠定坚实基础。

二、资源整合与利用

在英语专业学生专创融合创新能力培养路径的实施过程中,资源整合与利用显得尤为重要。这不仅仅涉及物质资源的配置,更关乎如何高效地使用这些资源,以促进学生的全面发展。

师资力量的整合是关键。优秀的教师是培养学生创新能力的基石。学校应积极引进具有丰富教学经验和创新实践能力的教师,同时鼓励现有教师参与各类培训,提升其创新教学水平。此外,通过校企合作、校际交流等方式,可以邀请业界专家和学者来校进行交流、授课,从而为学生提供更为广阔的视野和实践经验。

资金的合理分配和利用也是确保培养路径顺利实施的重要环节。学校应设立专项资金,用于支持学生的创新项目和实践活动。同时,通过与企业、社会团体的合作,争取外部资金支持,为学生的创新活动提供更多的物质保障。

在设备和场地资源方面,学校应优先保障学生创新实践的需要。这包括提供先进的语音实验室、多媒体教室等教学设施,以及为学生创新团队提供专门的工作室和活动空间。此外,还可以通过与校外实践基地的合作,为学生提供更多实地考察和实践的机会。

资源共享和合作是提升资源整合效率的有效途径。学校应加强与其他高校、研究机构以及企业的合作,共同搭建资源共享平台,实现优势互补。这种合作模式不仅可以丰富学生的学习资源,还能为他们提供更多的实践机会和就业渠道。

利用现代信息技术手段可以提高资源利用效率和管理水平。通过建立数字化教学资源库、在线学习平台等,学生可以随时随地获取所需的学习资料和信息。同时,利用大数据和人工智能技术,学校可以对学生的学习情况和实践成果进行实时跟踪和分析,为教学改进和学生个性化发展提供有力支持。

资源整合与利用在英语专业学生专创融合创新能力培养中扮演着举足轻重的角色。通过优化师资配置、合理分配资金、完善教学设施、加强校内外合作以及利用现代信息技术手段等措施,我们可以为学生打造一个更加完善、高效的学习环境,从而激发他们的创新潜能,培养出更多具有国际视野和创新能力的英语专业人才。

三、制度建设与激励机制

在英语专业学生专创融合创新能力培养路径的实施过程中,制度建设与激励机制的构建至关重要。它们不仅为培养路径提供了有力的制度保障，还能有效激发学生的创新热情和实践动力。

课程设置是制度建设的重要组成部分。为了培养学生的专创融合创新能力，必须对现有的课程体系进行深化改革。这包括增加跨学科课程，以拓宽学生的知识视野；增设实践课程，以提高学生的实际操作能力；同时，还应注重课程的更新与优化，确保课程内容与时俱进，满足社会发展的需求。此外，学分认定制度也需要进行相应的调整，以更好地反映学生的创新成果和实践经历。

评价标准是衡量学生创新能力的重要尺度。传统的以考试成绩为主的评价方式已无法全面反映学生的创新能力。因此，必须建立多元化的评价体系，将学生的创新思维、创新实践以及创新成果等多方面因素纳入评价范围。这不仅有助于更全面地评估学生的创新能力，还能引导学生更加注重自身创新素质的提升。

在激励机制方面，学校可以通过设立奖学金、创新项目资助、创新成果展示等方式，鼓励学生积极参与创新实践活动。这些激励措施不仅能激发学生的创新热情，还能在一定程度上解决学生在创新过程中遇到的资金和资源问题。同时，学校还可以与企业、行业等合作，为学生提供更多的实践机会和就业渠道，进一步增强学生的创新动力和实践能力。

加强宣传和推广工作也是提高社会对英语专业学生创新能力认可和关注的重要途径。学校可以通过举办创新成果展、学术研讨会等活动，向社会展示英语专业学生的创新成果和才华。这不仅能增强社会对英语专业学生创新能力的认知度，还能为学校赢得更多的社会支持和资源投入，进一步推动英语专业学生专创融合创新能力培养工作的发展。

第十一章
英语专业教师专创融合教学能力的提升路径

在全球化和信息化的时代背景下,英语作为世界通用语言的地位日益凸显,其教学质量和效果受到广泛关注。随着社会对创新型人才需求的不断增加,传统的英语专业教学模式已经难以适应这一变化。因此,提升英语专业教师专创融合教学能力显得尤为重要,这不仅是培养具有创新精神和实践能力英语专业人才的关键,也是推动英语专业教学改革的重要途径。

英语专业教师专创融合教学能力的提升,意味着教师需要在传授语言知识的同时,注重培养学生的创新思维和跨文化交际能力。这种教学模式的转变,要求教师具备更高的专业素养和创新能力,能够将专业知识与创新教育理念有机融合,从而激发学生的学习兴趣和创造力。

国内外学者对英语专业教师教学能力进行了深入研究,提出了一系列提升教学能力的策略和方法。针对专创融合教学能力的提升路径研究仍显不足。本书旨在填补这一研究空白,通过深入分析英语专业教师专创融合教学能力的现状与挑战,提出切实可行的提升路径。

全球化和信息化的发展趋势为英语专业教学带来了新的机遇和挑战。一方面,全球化使得英语成为国际交流的重要工具,为英语专业学生提供了更广阔的发展空间;另一方面,信息化技术的快速发展改变了传统的教学方式和学习模式,为英语专业教学提供了更多的创新可能。因此,英语专业教师需要紧跟时代步伐,不断提升自身的专创融合教学能力,以适应这一变化。

培养创新型人才已成为当今社会发展的迫切需求。创新型人才不仅具备扎实的专业知识,还拥有较强的创新意识和实践能力。英语专业作为培养国际化人才的重要基地,其教学质量直接关系到人才培养的质量。因此,提升英语专业教师专创融合教学能力,对于培养具有创新精神和实践能力的英语专业人才具有重要意义。

探索英语专业教师专创融合教学能力的提升路径,不仅是教师专业发展的内在需求,也是适应社会发展和满足人才培养需求的必然选择。本书将通过深入分析现状与挑战,提出有效的提升策略,以期为英语专业教学改革提供有益的参考和借鉴。

在全球化和信息化的时代背景下,社会对于英语人才的需求不断变化,对于英语专业的教学质量也提出了更高的要求。在这种背景下,英语专业教师需要不断更新教育理念,提高教学能力,特别是专创融合教学能力,以适应新时代英语教育的发展需求。这不仅有助于提升英语专业的教学质量,更有助于培养出更多具备创新精神和实践能力的英语专业人才,为社会的持续发展做出积极贡献。

第一节 国内外研究现状

在探索英语专业教师专创融合教学能力提升的路径时,我们有必要先了解国内外在这一领域的研究现状。目前,国内外关于教师专创融合教学能力提升的研究已经积累了一定的成果,但针对英语专业教师的专门研究仍相对缺乏。

国外的研究主要关注于教师教育理念的更新、教学方法的创新以及实践技能的培养。例如,近年来,越来越多的学者开始倡导以学生为中心的教学理念,鼓励教师在教学过程中采用项目式学习、协作式学习等创新教学方法,以激发学生的学习兴趣和创新能力。同时,国外研究也注重培养教师的实践技能,如通过工作坊、研讨会等形式提升教师的教学设计和课堂管理能力。

国内的研究则更多地受到教育政策、教师培训体系和教学评价体系的影响。随着新课程改革的深入推进,国内学者开始关注如何在政策引导下,完善教师培训体系,提升教师的教学能力。例如,有学者提出应构建多元化的教师培训模式,结合线上与线下的培训资源,为教师提供个性化、系统化的培训服务。同时,教学评价体系的改革也是国内研究的一个重要方向,旨在通过科学的评价标准和方法,全面、客观地评估教师的教学能力和教学效果。

尽管国内外在教师专创融合教学能力提升方面已有一定的研究基础,但针对英语专业教师的相关研究仍显不足。英语专业教学具有其独特性,如何结合英语学科的特点和专创融合的理念,提升教师的教学能力,是一个值得深入研究的问题。未来,我们可以借鉴国内外的研究成果,结合英语专业的实际,探索更多有效的教师能力提升路径。

通过对比分析,我们可以发现,国内外在教师专创融合教学能力提升方面的研究各有侧重,但也存在一些共通之处。例如,无论是国内还是国外的研究,都强调了教师教育理念更新的重要性,以及教学方法和实践技能的培养。这些共同点为我们进一步探索英语专业教师专创融合教学能力的提升路径提供了有益的参考和借鉴。同时,我们也应看到国内外研究的不同之处,以便更全面地了解这一领域的研究现状和发展趋势。

国内外关于教师专创融合教学能力提升的研究已取得了一定的成果,但仍需针对英语专业教师的特点进行深入研究。通过借鉴国内外的先进经验和做法,我们可以为英语专业教师的教学能力提升提供更具体、更有针对性的指导和帮助。这不仅有助于推动英语专业教学的改革和创新,也将为培养更多具有创新精神和实践能力的英语专业人才奠定坚实的基础。

第二节 英语专业教师专创融合教学能力概述

一、专创融合教学能力的定义

专创融合教学能力,顾名思义,是指教师在教授英语专业课程时,能够将专业知识的传授与创新能力的培养有机结合的一种特殊教学能力。这种能力并不仅仅局限于对专业知识的讲解,更要求教师在授课过程中能够有意识地启发和引导学生进行创新思维和实践操作。简而言之,它涵盖了专业知识的教学以及对学生创新意识和实践技能的培育。

这一教学能力的核心在于"融合",即将专业知识与创新教育相互渗透,使学生在学习语言知识的同时,也能够激发其创新思维,提高其解决问题的能力。为了实现这一融合,教师需要具备扎实的英语专业知识基础,这是进行教学的基本前提。只有充分理解和掌握英语知识,教师才能准确无误地传授给学生,为他们打下坚实的语言基础。

除了专业知识外,专创融合教学能力还要求教师能够灵活运用多种教学方法和手段。传统的教学方法往往侧重于知识的灌输,而忽视了对学生创新思维的培养。因此,教师需要不断探索和尝试新的教学方法,如项目式学习、情境教学等,这些方法有助于学生在实际情境中运用所学知识,进而培养其创新意识和实践能力。

在培养学生的创新能力方面,教师需要具备良好的引导能力和敏锐的观察力。通过设计具有挑战性的学习任务,鼓励学生自主学习和合作探究,激发他们的创新思维。同时,教师还需要及时给予学生反馈和指导,帮助他们不断调整和完善自己的学习策略,从而更好地实现专业知识与创新能力的融合。

专创融合教学能力是一种全面的、综合性的教学能力。它不仅要求教师具备扎实的专业知识基础,还要求其能够灵活运用各种教学方法和手段来培养学生的创新意识和实践能力。这种能力对于培养新时代具有创新精神和实践能力的英语专业人才具有重要意义。

二、专创融合教学能力的构成要素

专创融合教学能力,作为英语专业教师必备的核心素养,其构成涵盖了多个层面。以下将详细阐述这些构成要素。

1. 专业知识与教学理论素养

这一要素是教师进行教学活动的基础,包括扎实的英语专业知识,如语言学理论、英美文学、跨文化交际等,还有教育学、心理学等相关领域的知识。专业知识使教师能够准确把握学科内容,而教学理论则指导教师如何更有效地进行教学设计、实施和评价。例如,在英语阅读教学中,教师需要运用语言学知识分析文本结构,同时结合教育学和心理学的原理,设计符合学生认知规律的教学活动,以提高学生的阅读能力和批判性思维。

2. 教学方法与手段创新能力

在信息化时代背景下,教师需要不断更新教学方法,灵活运用各种教学手段,如多媒体技术、网络教学资源等,以激发学生的学习兴趣和积极性。例如,教师可以利用在线学习平台,为学生提供个性化的学习路径和丰富的学习资源,同时借助大数据和人工智能技术,实时跟踪学生的学习进度,为学生提供及时的反馈和指导。这种创新能力不仅体现在教学手段的多样化上,还体现在教学方法的不断优化和创新上,如采用翻转课堂、项目式学习等新型教学模式,以培养学生的自主学习能力和创新精神。

3. 实践指导与问题解决能力

教师在教学过程中需要具备指导学生参与实践活动的能力,如科研项目、社会实践等,同时能够帮助学生解决实际教学中遇到的问题。这种能力要求教师不仅要有丰富的实践经验,还要具备敏锐的问题意识和解决问题的能力。例如,在指导学生进行英语翻译实践时,教师需要结合翻译理论和市场动态,为学生提供真实的翻译案例和任务,同时针对学生在翻译过程中遇到的难题,给予及时的指导和帮助。通过实践指导,教师可以帮助学生将理论知识转化为实际操作能力,提升学生的专业素养和综合能力。

4.团队合作与交流沟通能力

教师作为教育团队中的一员,需要与其他教师、学生及家长保持良好的沟通与合作关系,共同促进学生的全面发展。这种能力要求教师具备良好的人际交往能力和团队协作精神,能够积极参与团队活动,分享教学经验和资源,共同解决教学问题。同时,教师还需要与学生和家长建立有效的沟通机制,及时了解学生的学习需求和困难,为学生提供个性化的支持和帮助。通过团队合作和交流沟通,教师可以不断拓展自己的教学视野和资源网络,为提升专创融合教学能力奠定坚实的基础。

专创融合教学能力的构成要素包括专业知识与教学理论素养、教学方法与手段创新能力、实践指导与问题解决能力以及团队合作与交流沟通能力。这四个方面相互关联、相互促进,共同构成了英语专业教师专创融合教学能力的完整框架。

三、专创融合教学能力的重要性

提升英语专业教师的专创融合教学能力至关重要,其不仅关乎学生的全面发展,还对提高英语教学质量以及推动英语专业教学改革具有深远的影响。这种重要性主要体现在两个方面:一是有助于培养学生的创新能力和实践能力;二是能够激发教师的教学热情和创造力,促进英语专业教学的持续创新。

在培养学生的创新思维和实践能力方面,专创融合教学能力的增强能够显著提升学生的综合素质。教师在教学过程中将专业知识与创新教育有机结合,不仅传授语言知识,更重视语言实际运用能力和创新思维的培养。这种教学模式鼓励学生积极参与、主动探索,使他们在语言学习的同时,也锻炼了解决问题的能力和创造力。在当今社会,创新型人才需求日益增长,这种教学能力的提升无疑为学生未来的职业发展和社会适应奠定了坚实基础。

提升专创融合教学能力也能有效激发教师的教学热情和创造力。传统的教学模式往往侧重于知识的单向传授,而专创融合教学则要求教师不断更新教育理念,探索新的教学方法和手段。这种挑战和变化不仅使教学过程更加生动有趣,也激发了教师的创造力和教学热情。教师们在探索和实践中不断成长,从而推动英语专业教学的持续创新和发展。

专创融合教学能力的提升还有助于构建和谐的师生关系。在这种教学模式下,教师更加注重学生的个体差异和需求,尊重学生的个性发展。这种以学生为中心的教学理念有助于拉近师生距离,增强学生对教师的信任感和归属感。良好的师生关系不仅有利于提高学生的学习兴趣和积极性,也有助于培养学生的团队协作能力和社交技巧。

提升英语专业教师的专创融合教学能力对于促进学生全面发展、提高英语教学质量以及推动英语专业教学改革具有重要意义。这种教学能力的提升不仅有助于培养学生的创新思维和实践能力,满足社会对创新型人才的需求;还能激发教师的教学热情和创造力,推动英语专业教学的持续创新和发展。因此,我们应该高度重视并积极推进英语专业教师专创融合教学能力的提升工作。

第三节 英语专业教师专创融合教学能力提升路径

一、更新教育理念

在提升英语专业教师的专创融合教学能力的过程中,更新教育理念显得尤为重要。这一路径不仅涉及教师教学观念的转变,更包括他们对待学生、教学以及对待创新的态度和认知。

1. 构建以学生为中心的教学观念

传统的以教师为中心的教学模式往往忽视了学生的主体地位,而现代教育理念则强调学生的主动性和参与性。在英语专业教学中,教师应关注学生的语言学习兴趣、学习习惯以及个性化需求,从而制订更加贴合学生实际的教学计划和策略。通过设计多样化的教学活动,激发学生的学习兴趣和积极性,使他们在主动参与的过程中提高英语语言技能。

2. 深刻认识到创新在英语教学中的重要性

随着科技的进步和教育理念的发展,传统的教学方法已难以满足当代学生的需求。因此,教师需要不断探索和实践新的教学方法和手段,如项目式学习、情境教学、翻转课堂等,以适应学生的学习方式和兴趣点。这些创新教学方法不仅能够提升教学效果,还能培养学生的创新思维和实践能力。

3. 加强自我反思和总结

教师在教学过程中应时刻保持敏锐的观察力和思考力,对自己的教学实践进行反思和总结。通过回顾教学过程、分析教学效果以及学生的反馈,教师可以发现自己的不足之处,进而调整教学策略和方法。这种自我反思和总结的过程不仅有助于教师个人的专业成长,也能推动英语专业教学的持续改进和创新。

4. 更新教育理念

通过树立以学生为中心的教育观念、深刻认识创新的重要性以及加强自我反思和总结,教师可以不断完善自己的教学理念和实践能力,从而更好地培养学生的创新思维和英语技能。

二、优化知识结构

在提升英语专业教师专创融合教学能力的过程中,优化知识结构显得尤为重要。这不仅涉及教师个人的专业发展,更关系到教学质量的提升以及学生创新能力的培养。以下将从几个方面详细探讨如何优化知识结构。

1. 持续深化英语专业知识的学习

随着语言学的不断发展,英语专业的知识体系也在不断更新和完善。教师应保持对新知识的敏感性和求知欲,通过参加专业培训、阅读学术著作、参与学术交流等方式,不断汲取新的专业知识,完善自己的知识体系。

2. 不断更新教学理论素养

教学理论是指导教学实践的重要依据,掌握先进的教学理论有助于教师更好地设计教学方案、实施教学活动并评估教学效果。因此,教师应积极学习新的教学理论,如建构主义、任务型教学等,并将其应用于实际教学中,以提高教学的针对性和实效性。

3. 关注学科前沿动态和发展趋势

随着全球化的深入推进和信息技术的快速发展,英语专业面临着前所未有的机遇和挑战。教师应密切关注国内外英语教育领域的最新动态和趋势,了解新的教学理念、方法和技术,以便及时调整自己的教学策略和模式,适应时代发展的需要。

4. 加强跨学科知识的学习和应用

在当今社会,单一学科的知识已难以满足复杂问题的解决需求。教师应具备跨学科的知识背景和视野,能够综合运用多学科知识解决实际问题。例如,在英语教学中融入文学、历史、文化等相关学科知识,不仅可以丰富教学内容,还有助于培养学生的综合素养和创新能力。

5. 优化知识结构

通过深化专业知识学习、更新教学理论素养、关注学科前沿动态以及加强跨学科知识的学习和应用,教师可以不断完善自己的知识体系和能力结构,为培养具有创新精神和实践能力的英语专业人才奠定坚实基础。

三、加强实践训练

实践训练在提升英语专业教师专创融合教学能力方面有着举足轻重的

作用。通过身临其境的教学实践,教师不仅能够磨砺自己的教学技艺,更能深化对学生学习需求的理解,从而更有针对性地优化教学策略。

1. 在教学实践活动的选择时,注重多样性和实效性

例如,组织英语角活动,可以为学生提供一个自由交流的平台,让他们在实际运用中提升口语表达能力。同时,教师在这一过程中可以观察学生的交流情况,了解他们在语言运用上的难点和误区,为后续的课堂教学提供有益的参考。此外,开展英语演讲比赛也是一种富有挑战性的实践活动,它不仅能激发学生的竞争意识,也能促使他们在准备过程中深入挖掘和拓展英语知识,提升英语应用能力和创新思维。

2. 积极参与教育科研项目和教学改革实验

这些项目通常涉及教学理论的前沿探索和实践应用的创新尝试,参与其中可以让教师接触到最新的教育理念和教学方法,从而拓宽教学思路,提高教学水平。同时,科研项目的开展往往需要团队成员之间的紧密合作,这也有助于提升教师的团队协作和沟通能力。

3. 在实践训练中注重自我反思和总结

每一次教学实践都是一次宝贵的学习机会,通过反思和总结,教师可以提炼出成功的经验、分析存在的问题,并思考如何在下一次实践中加以改进。这种不断循环往复的过程,正是教师专业成长和创新能力提升的关键所在。

加强实践训练是英语专业教师提升专创融合教学能力不可或缺的一环。通过丰富多样的教学实践活动和科研项目的参与,教师可以不断锤炼自己的教学技艺,提高专业素养和创新能力,为培养更多具有创新精神和实践能力的英语专业人才贡献自己的力量。

四、构建合作与交流平台

构建合作与交流平台,对于英语专业教师专创融合教学能力的提升具有至关重要的作用。这一路径的实施,不仅能够促进教师之间的经验共享,

更能够推动教学理念和方法的持续创新。

1. 建立完善的教师合作与交流机制

这可以通过定期组织教学研讨会、经验分享会等活动来实现,让教师们有一个展示自己教学成果、交流教学心得的平台。在这样的活动中,教师们可以相互启发,共同探讨教学中遇到的难题,从而在思维的碰撞中找到新的教学灵感和方法。

2. 充分利用现代信息技术

学校可以利用网络平台,如建立教师微信群、QQ群或在线论坛等,实现教师之间的实时沟通和资源共享。这些平台不仅可以让教师们随时随地分享自己的教学心得和疑问,还能够及时获取其他教师的反馈和建议,从而不断调整和优化自己的教学策略。

3. 积极寻求与校外专家学者的联系与合作

这些专家学者往往具有深厚的学术背景和丰富的教学经验,他们的加入可以为学校的教学改革注入新的活力。学校可以邀请他们来校进行讲学、举办座谈会或参与教学科研项目的指导,让教师们有机会接触到最前沿的教学理念和最新的研究成果,从而拓宽自己的教学视野,提升自己的教学水平。

4. 注重营造良好的学术氛围和文化环境

这包括鼓励教师之间的互相尊重、平等交流,倡导开放、包容的学术态度,以及为教师提供充足的学习资源和时间保障。只有在这样的环境中,教师们才能够真正放下包袱、敢于创新,共同为英语专业教学质量的提升贡献力量。

通过构建合作与交流平台,我们可以为英语专业教师创造一个相互学习、共同进步的良好环境,从而有效提升他们的专创融合教学能力。这不仅有助于推动英语专业教学的持续创新和发展,更能够为培养具有创新精神和实践能力的英语专业人才提供有力的师资保障。

第四节 讨论与启示

提升英语专业教师的专创融合教学能力是一个系统工程,需要从多个方面入手。这不仅包括教师自身的努力,如更新教育理念、优化知识结构、加强实践训练等,还需要学校、社会等外部环境的支持和配合。例如,学校可以建立完善的教师培训体系,提供多样化的培训课程和资源,帮助教师不断提升自己的专业素养和创新能力。同时,学校还可以加强与企业和行业的合作,为教师提供实践锻炼的机会和平台,促进教师实践经验的积累和技能的提升。

提升英语专业教师的专创融合教学能力要注重个体差异和需求差异,因材施教。每个教师都有自己的教学风格和特点,也面临着不同的教学问题和挑战。因此,在提升教学能力的过程中,应充分考虑教师的个体差异和需求差异,制定个性化的提升方案。例如,对于教学理念陈旧的教师,可以通过组织专题研讨、引导反思等方式帮助其更新教育理念;对于知识结构单一的教师,可以通过推荐学习资源、提供进修机会等方式帮助其拓宽知识视野。

提升英语专业教师的专创融合教学能力还应关注教育政策的引导和支持以及学校环境的营造等方面。教育政策是教师发展的风向标,对教师教学能力的提升具有重要影响。政府应加大对英语专业教师培训的投入力度,制定完善的培训政策和制度,为教师提供有力的政策保障和支持。同时,学校也应营造良好的教学环境氛围,鼓励教师之间的合作与交流,激发教师的教学热情和创造力。例如,可以定期举办教学比赛、经验分享会等活动,为教师提供展示自我和交流学习的机会。

通过深入讨论实证研究结果,我们获得了关于如何提升英语专业教师专创融合教学能力的重要启示。这些启示不仅有助于指导未来的研究和实践工作,也为英语专业教师的专业发展和教学能力提升提供了有益的参考和借鉴。

第十二章
英语专业专创融合教学研究的多学科与多方法视角

在当今全球化的时代背景下,英语专业的教育和发展显得尤为重要,尤其是随着社会的不断进步和技术的日益革新,传统的英语教学模式已无法满足当下社会的需求。因此,英语专业专创融合教学研究应运而生,旨在打破传统的教学框架,以多学科与多方法的视角来重新审视和塑造英语教育。

专创融合教学不仅有助于提升学生的综合素质,还能培养他们的创新思维和实践能力。通过引入多学科的知识和方法,这种教学模式旨在打造一种更加全面、深入且富有创新性的学习环境。例如,在英语教学中融入文学、历史、文化等多元素材,可以丰富教学内容,提升学生的学习兴趣。同时,借助现代化的教学手段和方法,如项目式学习、情境教学等,可以更有效地促进学生的学习效果。

从研究价值的角度来看,采用多学科与多方法视角对英语专业专创融合教学进行深入探讨,不仅有助于完善现有的英语教学理论体系,还能为实际教学实践提供有力的理论支撑。更重要的是,这种研究有助于推动英语教育的创新和发展,培养更多具备国际视野和跨文化交际能力的人才,从而更好地服务于我国的对外开放和国际交流。

英语专业专创融合教学研究具有深远的意义和重要的价值。通过引入多学科与多方法的视角,我们可以更全面地审视英语教育的现状和未来,为推动英语教育的持续发展和创新做出积极的贡献。

第一节 多学科视角下的专创融合教学

一、跨学科理论框架的构建

在探讨英语专业专创融合教学时,构建跨学科理论框架显得尤为重要。这一框架的搭建旨在整合不同学科的理论知识,以更全面地提升学生的英语水平和创新能力。通过融入多学科元素,我们能够为学生提供更为丰富、多元的学习体验。

在构建这一框架时,我们可以借鉴 STEAM 教育理念,该理念强调科学、技术、工程、艺术和数学的融合,旨在培养学生的创新思维和实践能力。将 STEAM 理念应用于英语专业教学,可以帮助学生从多个角度理解语言,提高语言应用的灵活性和创新性。

我们还可以参考文学教学、认知心理学和创造力理论原则相结合的理论框架。这一框架侧重于培养学生的创造性思维,通过结合人类认知的信息处理理论和布鲁姆的思维技能分类,以及当代解读文学文本的方法,来提升学生的高阶思维技能。在英语专业专创融合教学中,这种框架有助于学生更深入地理解文学作品,同时培养其创新思维和批判性思考能力。

在构建跨学科理论框架时,我们还应关注数字化时代的需求。例如,可以借鉴 BIM 多专业毕业设计教学框架,该框架以 BIM 技术为融合点,将管理科学与工程、土木工程等多个学科融合在一起。在英语专业教学中,我们也可以尝试以某种技术或平台为融合点,将英语与其他学科如计算机科学、数据分析等相结合,从而培养出既精通英语又具备跨学科知识的复合型人才。

构建跨学科理论框架对于英语专业专创融合教学具有重要意义。通过整合不同学科的理论知识和方法,我们可以为学生提供更加全面、深入的学习体验,培养出具备创新思维和跨学科知识的英语专业人才。在未来的教学实践中,我们应不断探索和完善这一框架,以适应不断变化的教育需求和社会环境。

二、多学科方法在教学实践中的应用

在英语专业专创融合教学实践中,多学科方法的应用对于提高教学效果和培养学生的综合素养具有重要意义。这种教学方法的实施,不仅能够拓宽学生的知识视野,还能培养他们的创新思维和问题解决能力。

在英语专业的课程教学中,可以借鉴工程技术类课程的专创融合教学经验。例如,在"流体力学与设备"这门课程中,通过对课程内容、教学方法、创新平台、考核方式等方面的专创融合改革,着重培养了学生的专业知识和创新创业意识。同样地,在英语专业的教学中,也可以尝试将文学、语言学、文化学、历史学等多学科的知识融入课堂教学,创新教学方法,如项目式学习、情境教学等,以激发学生的学习兴趣,提高他们的学习效果。

基于成果导向的教学理念也可以为英语专业的专创融合教学提供有益的参考。以"建筑信息模型(BIM)"课程为例,该课程从课程体系、教学模式、教学内容、考核方式、实践教学体系五个方面实施了基于成果导向的专创融合课程重构,帮助学生获得学习成果,实现专创融合,提升学生专业技能。在英语专业中,也可以根据学生的实际需求和社会对人才的需求,重构课程体系,使教学更加贴近实际,更加有利于培养学生的实际应用能力。

在实施多学科方法的过程中,教师还需要注意合理利用各种教学资源,包括开放教育资源(OER)等。例如,通过知识共享许可证等方式,教师可以引导学生查找、引用和适当使用这些资源,从而丰富教学内容,拓宽学生的知识来源。

针对英语专业学生的创新创业教育,多学科方法的应用同样具有显著效果。以"跨境电商操作实务"课程为例,该课程通过专创融合的实施路径,提高了学生的创新创业意识和综合素质,增强了他们在职场中的就业竞争力。这表明,在英语专业的专创融合教学中,多学科方法的应用不仅有助于提升学生的专业素养,还能培养他们的创新创业能力。

多学科方法在英语专业专创融合教学实践中的应用具有广泛的前景和深远的意义。通过借鉴不同学科的教学经验,创新教学理念和方法,以及合理利用各种教学资源,我们可以有效提高英语专业的教学效果,培养出更多具备综合素养和创新创业能力的优秀人才。

第二节 多方法视角下的专创融合教学

一、定量与定性研究的结合

在英语专业专创融合教学的研究中,定量与定性研究的结合具有显著的意义。这种综合研究方法能够更全面、更深入地揭示教学实践中的各种现象,从而为我们提供关于专创融合教学效果的多维度、多层次的认识。

定量研究在评估英语专业专创融合教学效果时,主要侧重于对可量化数据的收集和分析。例如,研究者可以通过设计问卷调查、测试等方式,收集关于学生在专创融合教学中的学习成果、学习态度、学习行为等方面的数据。通过对这些数据的统计分析,我们可以客观地了解到专创融合教学在提高学生英语语言能力、批判性思维、创新能力等方面的实际效果。

仅仅依靠定量研究是不足以全面评估专创融合教学效果的。因为教学实践中的许多重要方面,如师生互动、课堂氛围、学生的学习体验等,往往难以通过简单的量化数据来准确反映。这时,定性研究就发挥了其独特的优势。定性研究通过深入观察、访谈、案例分析等方式,能够捕捉到教学实践中更为丰富、更为细致的信息。这些信息不仅有助于我们更深入地理解专创融合教学的实际运作过程,还能够为我们揭示定量研究所无法触及的教学效果的深层次内涵。

在英语专业专创融合教学的研究中,定量与定性研究的结合是不可或缺的。这种综合研究方法不仅能够为我们提供关于教学效果的全面、客观的认识，还能够为我们揭示教学实践中的深层次问题和挑战。通过定量与定性研究的相互补充和印证，我们可以对英语专业专创融合教学的实际效果进行更为准确、更为深入的评估，从而为未来的教学实践提供有力的指导。

进一步来说，定量与定性研究的结合还有助于我们发现并解决教学实践中的问题。例如，通过定量研究，我们可能发现某些学生在专创融合教学中的学习效果不佳。而通过定性研究，我们可以深入了解这些学生的学习过程、学习困难以及他们对教学的感受和建议。这样，我们就能够有针对性地提出改进教学的策略，从而帮助这些学生更好地受益于专创融合教学。

这种综合研究方法还有助于我们推广专创融合教学的成功经验。通过定量研究，我们可以客观地展示专创融合教学在提高学生综合素养方面的显著成果。而通过定性研究，我们可以生动地展现专创融合教学中的成功案例和学生的学习成果。这些都将为专创融合教学的推广提供有力的支持。

定量与定性研究的结合在英语专业专创融合教学的研究中具有不可替代的作用。通过这种综合研究方法，我们可以更全面、更深入地评估专创融合教学的实际效果，发现问题，提出改进策略，并推广成功经验。这将为英语专业专创融合教学的持续发展提供坚实的支撑。

二、实证研究与案例分析

在英语专业专创融合教学的研究中，实证研究与案例分析具有不可替代的作用。这两种研究方法能够为我们提供深入、具体的教学实践视角，有助于我们更全面地理解专创融合教学的实际运作情况和潜在问题。

实证研究是通过收集和分析实际数据来验证理论假设的研究方法。在英语专业专创融合教学的背景下，实证研究可以帮助我们探究教学实践中的具体效果，以及不同教学方法对学生学习成果的影响。例如，我们可以设计并实施一项实证研究,通过对比实验组和对照组学生的学习成绩、学习态度、创新能力等方面的数据,来评估专创融合教学的实际效果。

案例分析则是对特定事件或现象进行深入剖析的研究方法。在英语专业专创融合教学中,案例分析能够让我们深入了解成功的教学案例,并从中提炼出有价值的经验和策略。通过对成功案例的分析,我们可以发现哪些教学方法和策略在实际教学中取得了显著成效,进而为其他教学实践提供有益的参考。

将实证研究与案例分析相结合,我们可以更全面地分析英语专业专创融合教学的成功经验和存在问题。一方面,通过实证研究,我们可以从宏观层面了解专创融合教学的整体效果和存在的问题;另一方面,通过案例分析,我们可以从微观层面深入剖析具体教学实践中的成功经验和不足之处。

针对实证研究与案例分析中发现的成功经验和存在问题,我们可以提出相应的改进策略和建议。例如,教师可以根据学生的实际情况,调整教学方法和策略,以更好地满足学生的学习需求;学校可以加强相关课程资源的整合和优化,为英语专业专创融合教学提供更好的支持。

通过实证研究与案例分析相结合的方法,我们能够更深入地了解英语专业专创融合教学的实际运作情况和潜在问题,进而为改进教学实践提供有益的参考和借鉴。这种研究方法不仅有助于我们总结成功的教学经验,还能帮助我们及时发现并解决存在的问题,从而推动英语专业专创融合教学的持续发展和改进。

第三节 英语专业专创融合教学研究的方法创新
——以教育叙事探究法为例

在英语专业专创融合教学中,创新教学模式和方法对于提高学生的学习兴趣和实践能力至关重要。其中,教育叙事探究法作为一种富有创新性的教学方法,为英语专业的教学改革提供了新的视角和思路。

教育叙事探究法强调通过叙述和探究教育故事来深化学生对知识的理解和应用。在这种教学模式下,教师不再单纯是知识的传授者,而是成为学生学习过程中的引导者和伙伴。学生则通过积极参与叙事探究,不仅能够掌握英语知识,还能够培养批判性思维、创新能力和跨文化交际能力。

教育叙事探究法在英语专业专创融合教学中的创新应用可以从以下几个方面展开。

一、故事选取与情境创设

教师可以结合英语专业的教学目标和内容,精心选取具有代表性的教育故事。这些故事可以来源于真实的教育事件、文学作品或社会现象,旨在引发学生的共鸣和思考。同时,教师还可以通过创设生动的情境,将学生置身于故事之中,激发他们的学习兴趣和探究欲望。

二、问题导向与自主探究

在叙事探究过程中,教师应以问题为导向,引导学生围绕故事主题进行深入思考。通过提出具有启发性的问题,激发学生的好奇心和求知欲,促使他们主动探究故事的深层含义和相关知识。同时,教师还应鼓励学生进行自主探究,通过查阅资料、小组讨论等方式,寻求问题的答案,从而培养他们的自主学习能力和解决问题的能力。本书第九章的师生共创项目"讲好中国教育故事"就是为实现英语师范专业学生人才培养目标而开展的问题导向性与自主探究性的设计。其余的项目也可以包括但不限于如下三类题目:①英语师范专业学生创新创业能力培养的叙事探究;②教学型教师职业发展的叙事探究;③学生或教师人工智能使用能力发展叙事探究。

三、多元互动与合作交流

教育叙事探究法注重多元互动与合作交流。在教学过程中,教师应积极营造开放、包容的学习氛围,鼓励学生之间的互动与合作。通过小组讨论、角色扮演、辩论等形式多样的活动,促进学生之间的思想碰撞和经验分享。这种多元互动不仅有助于提高学生的英语口语和书面表达能力,还能够培养他们的团队合作精神和跨文化交际能力。

四、反思总结与拓展应用

在叙事探究结束后,教师应引导学生进行反思总结。通过回顾整个探究过程,总结所学知识和收获,帮助学生巩固学习成果并提升自我认知。同时,教师还应鼓励学生将所学知识和方法拓展应用到实际生活中,解决现实问题,从而培养他们的实践能力和创新精神。

教育叙事探究法在英语专业专创融合教学中的创新应用具有重要意义。通过故事选取与情境创设、问题导向与自主探究、多元互动与合作交流以及反思总结与拓展应用等环节的精心设计与实践,不仅能够提高学生的学习兴趣和实践能力,还能够推动英语专业教学的改革与创新。

结　语

随着全球化和信息化时代的到来,英语专业教育正面临着前所未有的挑战与机遇。在这一背景下,英语专业专创融合教学应运而生,旨在通过教育模式的创新,培养具备国际视野、创新精神和创业能力的高素质英语专业人才。本书通过深入分析英语专业专创融合教学的理论基础、实践路径和教学方法,为英语教育工作者提供了全面的视角和有益的参考。

首先,本书明确了专创融合教育的理论基础,包括知识经济理论、终身学习理念、跨学科教育等。这些理论为英语专业教育与创业教育的结合提供了坚实的理论支撑,指导我们构建课程体系、设计教学方法、建立评价机制等。通过本章的探讨,我们可以看到专创融合教育在英语专业中的实施是完全可行的,并具有重要的现实意义。

其次,本书探讨了专创融合教育的实践方法,重点介绍了案例分析法、模拟实训法和项目驱动法等教学方式,并提及了创业实习、创新创业竞赛等其他实践形式。这些方法不仅有助于培养学生的创新思维和创业能力,还能够激发学生的学习兴趣和主动性,提高教学效果。

最后,本书强调了专创融合教育应与专业教育相结合,以培养复合型创新创业人才。以英语专业为例,本书提出了融合商务英语创新创业模块、跨文化创新创业模块等具体建议,为各专业开展创新创业教育提供了参考。这种融合不仅能够提升学生的专业素养,还能够培养学生的创新精神和创业能力,为学生的全面发展和未来的职业生涯打下坚实的基础。

在教学设计与工具应用方面,本书提出了"两性一度"与人工智能在英语专业专创融合课程中的改革设计方案。通过深入解读"两性一度"理念，分析其在英语专业教育中的应用价值，本书明确了课程改革的方向。同时，结合人工智能技术在教育领域的发展现状，特别是在英语专业中的应用实例，探讨了其在个性化教学、智能评估等方面的潜力与挑战。

在智慧课程与英语专业专创融合课程的改革设计中，本书通过引入知识图谱、AI助教、数字教材等智慧课程元素，优化课程结构与内容，推动英语专业课程的智慧化建设。改革设计以提升学生创新思维和实践能力为核心，通过个性化教学、互动性增强等策略，构建了一个高效、灵活的学习环境。研究发现，智慧课程元素的融入显著提升了学生的学习兴趣和参与度，促进了英语知识与创新创业能力的深度融合。

在AIGC工具与英语教学的应用方面，本书探讨了文本生成工具、图像生成工具、音频/视频生成工具在英语教学中的策略及应用场景。AIGC工具在英语教学中具有诸多潜在应用前景，可以促进创新性教学实践，提高教师教学效率，激发学生学习兴趣和主动性，满足个性化学习需求，为英语教学注入科技创新的活力。

在深入探讨了英语专业专创融合教学的理论与实践后，本书从多学科与多方法的视角出发，得出了一系列重要观点和发现。首先，跨学科理论框架的构建为英语专业专创融合教学提供了坚实的理论基础，有助于实现不同学科知识的有机融合，进而提升教学的深度和广度。其次，通过运用多学科方法在教学实践中，不仅能够有效提高教学效果，还能在培养学生的综合素养方面发挥积极作用。

在研究方法上，本书强调定量与定性研究的有机结合，这种综合研究方法能够更全面地揭示英语专业专创融合教学的实际效果，为改进教学实践提供有力依据。同时，通过实证研究与案例分析，本研究深入剖析了英语专业专创融合教学的成功经验和存在问题，为进一步优化教学策略提供了宝贵借鉴。

特别值得一提的是，本书在探讨英语专业专创融合教学的方法创新时，以教育叙事探究法为例,展示了该方法在教学模式和方法创新方面的独特价值。通过具体实践案例的分析,不仅验证了教育叙事探究法在提升学生学习兴趣和实践能力方面的显著效果,还探讨了其在推广英语专业专创融合教学经验方面的潜力。

英语专业专创融合教学研究仍面临诸多挑战和机遇。本研究期望未来能够进一步拓展多学科与多方法视角的应用范围,深入挖掘英语专业专创融合教学的更多可能性。同时,也希望广大教育工作者能够积极借鉴本研究成果,不断创新教学实践,为培养更多具备创新精神和实践能力的英语专业人才贡献力量。

总之,英语专业专创融合教育的实施不仅能够提升英语专业的教育质量,也将为国家的经济发展和社会进步做出重要贡献。通过不断的探索和实践,英语专业教育将迎来更加光明的未来,培养出更多具有国际视野、创新精神和实践能力的高素质人才。正如埃莉诺·罗斯福所言:"未来属于那些相信自己梦想之美的人。"让我们携手共进,为实现这一美好未来而不懈努力。

参考文献

[1] 查明建.英语专业的困境与出路[J].当代外语研究,2018(06):10-15.

[2] 程晓堂,孙晓慧.中国英语教师教育与专业发展面临的问题与挑战[J].外语教学理论与实践,2010(03):1-6.

[3] 戴炜栋,王雪梅.我国高等教育内涵式发展背景下英语专业的建设思路[J].外语界,2014(03):2-11.

[4] 董素彤,李卫东,亢嘉颖.理工科高校英语专业学生多元化发展的现状分析和发展建议:以东北大学秦皇岛分校为例[J].校园英语,2023(19):21-23.

[5] 郭英剑.论英语专业的"金课"及其标准[J].浙江外国语学院学报,2019(03):8-12,31.

[6] 郭英剑.对当下英语专业建设的几点思考[J].外国语言文学,2019(03):241-249.

[7] 韩培利.新时代高校英语专业转型发展研究[J].内蒙古财经大学学报,2019(03):85-87.

[8] 李媛媛,冯智娇,梁欣.应用型本科院校英语专业学生学习现状分析[J].校园英语,2018(02):20.

[9] 廖庆生.地方本科院校英语教育专业课程设置调查研究:以韶关学院为例[J].韶关学院学报,2016(11):164-168.

[10] 束定芳.英语专业综合课目标与教师素质:第三届"外教社杯"全国高校外语教学大赛授课比赛述评[J].外语界,2013(02):43-49.

[11]杨敏,邹贺敏,钱俊莹.浅析西部综合类高校英语专业课程设置[J].校园英语,2022(34):94-96.

[12]张锁军.地方高校外语专业转型发展可行性研究:以呼伦贝尔学院外国语学院英语专业为例[J].呼伦贝尔学院学报,2017(01):135-138.

[13]张小红.高校英语专业人才创业转型期发展现状及分析[J].就业与保障,2020(03):134-135.

[14]支乙涵.基于英语类专业创新发展的几点探析[J].山西青年,2017(19):212.

[15]蔡基刚.高校外语界"金课"打造的标准和内容探索[J].浙江外国语学院学报,2018(06):1-5.

[16]何艳霞.一流本科课程建设背景下综合英语课程建设探究[J].创新创业理论研究与实践,2024(12):97-100.

[17]胡斌.从国家一流本科课程建设谈地方高校本科课程教学改革[J].淮南师范学院学报,2021(05):143-148.

[18]黄明成,叶萍."双一流"建设下大学英语课程设置与学习需求研究[J].高教学刊,2020(05):5-7.

[19]戴雪梅.高校英语专业教学中渗透思想政治教育的研究[D].西安科技大学,2018.

[20]傅涵智.基于混合法的高校跨文化交际课程教学效果评估[J].海外英语,2022(23):117-119.

[21]黄敏.熟知中西文化差异,强化跨文化交际能力[J].湖北科技学院学报,2014(01):65-66.

[22]李向清.跨文化英语教学中的交际策略研究[J].海外英语,2024(08):88-90.

[23]刘素静,王欢月.英语专业课程思政教学体系建设研究:以"综合英语"课程为例[J].黑龙江教育(理论与实践),2024(08):32-35.

[24]秦丽莉,戴炜栋.以培养"多元文化"意识为导向的跨文化交际学课程研

究[J].外语电化教学,2013(06):56-60,65.

[25]王诗淇,严静,王路遥.英语专业课程思政建设的必要性及实施途径[J].英语广场,2023(17):71-75.

[26]龚莉.关于英语专业设置创新能力培养课程模块之思考[J].中国多媒体与网络教学学报(上旬刊),2019(04):31-32.

[27]郭梦梦,付娟娟,郭慧娟.英语专业学生实践能力培养途径的研究:以安阳师范学院为例[J].山西青年,2016(06):30+29.

[28]李燕,姜占好.新时期英语专业学生语用能力调查报告及启示[J].外语教学,2014(05):68-71.